I0839811

Von der Ausgrenzung zur Integration

›Judenordnungen‹ im Rheinland

Ein Lesebuch
bearbeitet von Norbert Flörken

Abbildung 1: Jude aus Worms (16. Jhdt.)

Bibliografische Information der Deutschen Nationalbibliothek:

Die Deutsche Nationalbibliothek verzeichnet diese Publikation in der Deutschen Nationalbibliografie; detaillierte bibliografische Daten sind im Internet über http://dnb.dnb.de abrufbar.

© 2017 Norbert Flörken
Herstellung und Verlag:
BoD – Books on Demand, Norderstedt
ISBN: 9783744881500

Inhalt

Vorwort

Die vorliegende Ausgabe versammelt die einschlägigen
Verordnungen (»Judenordnungen«) nach den ältesten er-
reichbaren Ausgaben. Die Textgestaltung hält sich an die
Vorlagen; ein Vokal mit einem aufgesetzten »e« wird in
der Form å, ȯ oder ů beibehalten.

Einleitung

Als die Juden in Preussen 1845 von ihrem König
aufgefordert wurden, erbliche Nachnamen anzunehmen,
legte sich der Siegburger Jude Jizchak bar Mosche
Awraham Hakohen[1] nicht einen der üblichen hebräischen

---

[1] Er war über 30 Jahre lang ein engagierter Vorsitzender der Siegburger jüdischen Gemeinde. In seine Amtszeit fielen u.a. die Neuorganisation der Syn-
agogengemeinden im Rhein-Sieg-Raum sowie der Bau der neuen Synagoge in
Siegburg, an beidem hatte er maßgeblichen Anteil. Auch im öffentlichen Leben
aktiv, wurde er 1846 als erste Jude in den Siegburger Gemeinderat gewählt.
1858 wurde als Stadtverordneter wiedergewählt und bekleidete dieses Amt bis
1862. Er ist gestorben 16.06.1864. Siehe vor allem (Linn, 1983, S. 114 ff).

Nachnamen, sondern den Namen »Isaac Bürger« zu – etwas Erstrebenswerteres als den Namen und die Rechtsstellung eines Bürgers/Citoyen gab es für ihn nicht.

Bis dahin war es ein weiter Weg gewesen: durch die Jahrhunderte wurden die Juden in Europa von der christlichen Mehrheitsgesellschaft herumgestossen, ermordet, schikaniert, ausgegrenzt. Seit dem Mittelalter wechselten sich Perioden der Duldung ab mit solchen der Verfolgung. Die folgenden Dokumente zeigen, wie Kurköln und andere Landesherren die Juden in ein enges Regulierungskorsett zwängten. Erst die Französische Revolution und auf dem linken Rheinufer die wenigen französischen Jahre gaben den Juden in Kurköln die Gleichberechtigung und die bürgerlichen Freiheiten: der 1772 in Bonn geborene Salomon Oppenheim brachte es im Köln der 1820er Jahre zu einem angesehenen und wohlhabenden Bankier und Mitglied der Handelskammer. Am Ende des 19. Jahrhunderts wies der nunmehr explizit rassistische Antisemitismus auf die drohende Katastrophe im 20. Jahrhundert hin.

1548 Jan 30 Kaiser Karl V.: Schutzbrief für die Juden[2]

Wir, Karl der Fünfte, von Gottes Gnaden Römischer Kaiser [...][3] entbieten allen und jeglichen Kurfürsten, Fürsten - geistlichen und weltlichen - Prälaten, Grafen, freien Herren, Rittern, [Edel]Knechten, Hauptleuten, Landvögten [...][4] und sonst allen andern unsern und des Reichs Untertanen und Getreuen [...][5] unsere Gnade und alles Gute [...]:

Uns hat Josel Jude von Rosheim, unserer [all]gemeinen Judischheit im Heiligen Reiche Teutscher Nation Befehlshaber, klagweise vorgebracht, wie dass etliche Juden über und wider ihre Freiheiten, Privilegien, Schutz, Schirm und Geleit, damit sie von Päpsten, [all]gemeinen Konzilien, unsern Vorfahren am Reiche Römischen Kaisern und Königen seliger und löblicher Gedächtnis [sowie von] uns und dem Heiligen Reiche gnädiglich begabt und versehen wären, auch unsern und des Heiligen Reichs aufgerichteten Landfrieden und sonderlich auch wider unser kaiserliches Mandat, derselben unserer

---

[2] Fundstelle: http://www.hstad-online.de/ausstellungen/online/juden_der_vormodernen_zeit/Geschichte_der_Juden/Virtuelle_Ausstellung/Eintr%C3%A4ge/2007/11/13_Handel_und_geldleihe.html
[3] Es folgen zahlreiche weitere Titel.
[4] Es werden weitere Adressaten aufgezählt.
[5] Auf Wiedergabe der feierlichen Adressformel wurde hier verzichtet.

[all]gemeinen Judischheit halben, auf unserm nächstgehalte-
nen Reichstag zu Speyer des vierundvierzigsten Jahrs der mindern Jahrzahl aus[ge]gangen.

Über das [=obwohl] sie einem jeden, so [An]spruch
und Forderung zu ihnen sämtlich oder sonderlich zu haben
vermeint, vor uns, unserm kaiserlichen Kammergericht, oder
an Enden [=Gerichtstätten], da sich dasselbe gebührt, rechtens
nie vor gewesen (=verweigert) und noch nicht seien, [seien
sie] gewaltiglich, vornehmlich auf unsern und des Heiligen
Reichs Straßen und auch in etlichen Städten, Märkten und
Dörfern an ihren Leib, Habe und Gut mit Mord, Totschlag,
Raub, Wegführung, Gefängnis, Austreibung [aus] ihrer häuslichen Wohnung, Zerstörung und Versperrung ihrer Synagogen und Schulen, auch an Geleit und Zoll merklich beschädigt,
beleidigt, beschwert und gesteigert worden.

Und wiewohl sie etliche aus Euch demütiglich angerufen und gebeten [haben], gegen diejenige, so sie also beschädigt und beschwert [haben], nach vermöge des Reichs Land-
friedens unseren Schutz, Schirm und Geleit zu handeln, auch
bei ihren Freiheiten, Privilegien, Schutz, Schirm und Geleit
bleiben und sie darüber oben gemeldeter Maßen nicht dringen
oder beleidigen zu lassen, so haben sie doch bei Euern eines
Teils dasselbe nicht bekommen noch erlangen mögen, das [der
all]gemeinen Judischheit zu merklichen Beschwerung, Schaden und Nachteil [ge-]reichte, und [sie haben] sich deswegen
[bei] uns abermals hochlich beschwert, und uns darauf demütiglich angerufen und gebeten, [all]gemeiner Judischheit
hierin mit unserer kaiserlichen Hilfe gnädiglich zu erscheinen,
sie zu schützen und zu schirmen.

Und dieweil uns dann als Römischen Kaiser gebührt, einen jeden bei Recht und seinen habenden Freiheiten zu handhaben und vor unbilliger Gewalt zu schützen und [diese] zu verhüten, des [wir] auch zu tun gänzlich gemeint sind. Und [wir haben] darauf die gemeldete Judischheit hiervor in unsern und des Heiligen Reichs Schutz und Schirm genommen und ihnen unser und des Reichs freie Sicherheit und Geleit vor Gewalt und zu Recht gegeben haben, laut unseres Briefs, [der] darum aus[ge]angen [ist].

Demnach gebieten wir Euch allen und Euern jeden [be]sonders, bei Vermeidung unserer und des Reichs schwerer Ungnade und Strafe, und den Pönen [=Strafen bzw. Sanktionen], in jetzt gedachten unserm Schutz- und Geleitbrief und der Judischheit Freiheiten und Privilegien [ein]begriffen, von Römischer Kaiserlicher Macht ernstlich mit diesem Brief und wollen, dass Ihr dieselbe unsere [all]gemeine Judischheit sämtlich und sonderlich bei oben bestimmten päpstlichen, [all]gemeiner Konzilien, aller unserer Vorfahren am Reiche und unseren gegebenen Freiheiten, Privilegien und Konfirmationen, Schutz, Schirm und Geleit handhabt und gänzlich bleiben [lasst], das alles ruhig gebrauchen, genießen, auch allenthalben im Heiligen Reich und desselben zugetanen Fürstentümern, Grafschaften, Herrschaften, Landen, Städten und Gebieten sicher handeln und wandeln lasst, und darüber ihr Leib, Hab oder Güter nicht beschädigt oder beleidigt, auch in Gemeinschaften, Landen, Städten oder [in] Sonderheit von ihren häuslichen Wohnungen, Schulen und Synagogen eigentätlichs Vornehmens nicht [weg]treibt noch die zerstört oder versperrt, auch sie mit neuen, ungewöhnlichen Zoll und Geleitgeld und sonst in andern Wegen wider altes Herkommen,

Recht und Billigkeit nicht beschwert, dringt oder steigert, noch jemand anderen [dies] zu tun befehlet, schaffet oder gestattet, auch den Taten, so also dieselbe Judischheit sämtlich und sonderlich wider des Reichs Landfrieden, unseren kaiserlichen Schutz, Schirm und Geleit und dieses unser Gebot und Mandat an ihrem Leib, Habe oder Gut angreifen, vergewaltigen und beschädigen würden, keine Hilfe, Vorschub noch Beistand, heimlich noch öffentlich, nicht beweiset in keiner Weise noch Wege, als lieb Euch und einem jeden sei, oben berührte Pönen und Strafen zu vermeiden. Das meinen wir ernstlich.

Mit Urkunde dieses Briefs, mit unserm kaiserlichen aufgedruckten Ingesiegel.

Geben in unserer und des Reichs Stadt Augsburg, am dreißigsten Tag des Monats Januar, anno etc. im achtundvierzigsten, unsers Kaisertums im achtundzwanzigsten und unserer Reiche im dreiunddreißigsten.

1592 Juli 30 Kurfürst Ernst: Kurkölnische Judenordnung[6]

Von Gottes gnaden, Wir, Ernst[7], erwöllter unnd bestettigter zu ertzbischoffenn zu Cölln, des Heiligen Römischen Reichs durch Italienn ertzcanntzler unnd churfurst, bischoffenn zu Lüttich, administrator der stiffte Munster, Hildeßheim unnd Freisingh, furst zu Stabell, pfaltzgraff bey Rhein, inn Ober- unnd Niedern Bayernn, Westphaln, Enngern unnd Bullionn hertzogh, marggraff zu Franchimondt, fuegenn allenn unnd jedenn unnsers Rheinischen Ertzstiffts drostenn, amptleuthen, vogtenn, schultheißenn, richternn, burgermeistern, kelnern, zolnern, communen, hind[er]saßenn, unnd[er]thanen unnd v[er]wandten, was würdenn unnd stanndts die sein gemeinlich, unnsere gnaidt zuvor. Unnd hiemit zu wißenn, nachdem unnsere getrewe rheinische lanndtstendt unnd gehorsame unnd[er]thanen uf etlichen gehaltenen lanndt- unnd ausschußtegen, sonnd[er]lich aber in

---

[6] Fundstelle: (Dinstühler, 1991, S. 34 ff) nach HStAD, Kurköln II 928.
[7] Ernst von Bayern, (* 17. Dezember 1554 in München; † 17. Februar 1612 in Arnsberg, Westfalen) war Fürstbischof von Freising, Hildesheim, Lüttich, Münster, Fürstabt des Reichsabtei Stablo-Malmedy und von 1583 bis 1612 Kurfürst und Erzbischof von Köln.

anno etc [16]89, wie auch ahnjetzo bey dieser unnserer gegen-
wurtt unnd irer unnser lanndtstendt versamblung, vor eine
hohe beschwernus angezogen unnd vorgegeben, daß die judden in unnseren ertzstifft unnd[er]geschleifft unnd vergleittet
wurden, mitt unnd[er]thenigster pitt, wir alß die hohe obrigkheitt geruheten, dieselbige judden entweder abzuschaffenn
oder, da eß jhe auß sonnderlichen bedennckhen vor dießmahl
nit beschehenn konndt, ein solche Ordnung darunder zu machen, damit ires ubermeßigen Wuchers halb unnd sonnsten
die arme gemeine unnd unnd[er]thanen nicht dergestallt, wie

|

biß anhero im werckh gespuertt, zumahl unnd
genntzlich außgesogen unnd v[er]dorbenn werdenn möcht.

Wann wir unns nun gnedigh unnd vätterlich darauf
erclert, daß wir woll erleidenn köndten, das uff ein zimbliche
durchgehennde ordtnung gedacht wurde, auch begertt,
unnsere lanndtstendt etliche ansehennliche geuebte unnd er-
fahrnen persohnen auß irem mittell zu beratschlagung eines
solchen gemeinnützigen wercks unnsern rheetten zuordtnen
wollten, wie sie gehorsamblich gethann, unnd dann unns darauf vonn allerseits deputierten eheberuerten unnsern
stenndten nach gehapten reiffen berathschlagungh volnkommentliche relation beschehen, darauß wir soviell befunden,
d[aß] ir solch zusammen getragenn bedenckhen unnd Ordnung, unnsern Rheinischen Ertzstifft, lannden unnd
unnd[er]thanen heilsamen nutz unnd nöthwenndig, allß habenn wir unns darüber mit inenn unnd sie hinwied[er]umb

mitt unns vergliechen, dieselbig gnedigklich bewilligt, ratificiert unnd auctotorisirt, thuenn auch solchs hiemit unnd in crafft dießes, alles inmaßen wie follgt etc.

Erstlich, dieweill die judden in unnserm ertzstifft etlich hundertt jahr über herkhommen geduldet wordenn, dergestallt, das sie in- unnd außerhalb eheberuertes unnsers ertzstiffts uf gereide unnd bewegliche guetter und pfendt, vortth hanndtschrifft unnd guett vertrawen unnd glaubenn vermögh gemeiner juddenschafft freiheitt

|

unnd geprauch denn christenn leihenn unnd mit inen handtiern mugen, so laßenn wir dieselbige bey solchem althen herkommen unnd freiheittenn, doch das sie sich in irem thuen unnd hanndien dieser unnser ordtnungh durchauß gemeeß hallten sollen, dießmahls verpleibenn.

Es soll sich aber hinfuro kein judd oder judinn inn unnserm ertzstifft niederschlagenn, betrettenn oder finden laßenn, der oder sie habenn dann zuvor unnser oder in der unnderherligkheitt der unnderherrn - so auß habenden sonndern Privilegien unnd allther gewönnheit juddenn zu hallten, welchenn wir darahn durch diese unnsere ordtnungh nichts derogiert oder abgebrochenn haben wollen - rechtmeßigh gewönlich gliedt unnd vorwardt unnd[er] unnser oder irer, der unnderherrn hanndt unnd siegell erlanngt, auch sich sonnsten deß einzugs unnd jährlichen tributs vergliechen.

Damit auch die judden unnd juddinnen inn unnserm gliedt zur unschulldt nit mugen vonn jemandt uberfallen werd[en], so sollenn sie ein offentlichs zeichenn auf dem vorderisten theill des kleidts gehefftet, deuttlich einen zimblichenn großenn scheinbaren gelben rinckh tragenn, dadurch sie auch vonn denn christenn abgesonndert, gescheiden und erkhennet werden mugenn.

Wie auch hinwiederumb kein judd od[er] judinn auß unnserm ertzstifft sich mit iren haußlichen nahrungh begebenn sollen,

|

er oder sie habenn dann zuvor bey rechter zeitt ir gleidt, schütz unnd schirm aufgekundiget unnd ires verhalltenns halb gepuerenden schein unnd paßportt - welche inenn sonnder rechtliche ursach nit abgeschlagenn werdenn soll - erhallten etc.

Unnd demnach hiebevor vielfältige clagtenn furkhommen, als das sich etliche judden unnd ir gesindt in nachbaurlichen beywohnungh mit denn christenn unnd irem gesindt fast ubell unnd zenckisch verhallten, sonnd[er]lich aber denn christenn ahnn irem kirchenganngckh unnd gottesdiennst ärgerlich unnd hinderlich erzeigt, deßwegenn verspottet unnd v[er]achtet, auch durch ire unfledigkheitt, so sie zu gemeinen brunnen od[er] putzenn tragenn, dieselbige verunreiniget unnd v[er]felschet haben, so soll hinfuran irer Wohnungen halb dieser unnd[er]schiedt gebraucht unnd gehallten werden, daß sie dieselbe nit bey denn kirchenn nehmmen, sonnder ahnn die ortther zuweisen, do sie ohn argernuß der christenn sitzenn unnd wohnenn mugenn; wie sie, die judden od[er] Jüdinnen auch dahin zu hallten, daß sie bey denn hochzeittlichen anndern christlichen fesst, procession und feiertagenn auf der strassenn sich nit findenn, sonnder einheimisch unnd binnen iren heuseren verhalltenn, auch vorangeregten unnd anndern ungepuerlichen sachenn hinfuran in unnserm ertzstifft mußigenn unnd deren bey leibstraff genntzlich enndthaltenn sollenn etc.

Inn kriegsleuffenn sollenn die juddenn zu erhalltungh

|

guttes vertrawenn unnd verstenndtnus in wachten unnd anndern sachenn sich verhallten, wie unnsere beampten unnd der steet burgermeister inenn solches bevelhenn werdenn unnd sich darinnen keinswegs sperrenn oder wiederenn.

Damit sie sich gleichwoll sampt weib unnd kindero desto beßer inn unnserm ertzstifft ernherenn unnd unnd[er]hallten, ist inenn zugelaßenn unnd bewilliget, daß sie auf fahrennde haab, gereide guetter unnd wahr, so inenn zu hauß bracht, liehenn mugen unnd solchs sowoll in- als außerhalb unnsers ertzstiffts etc.

Aber uf hauß, hoff, weingartten, wiesenn, lanndt, busch, rennthen oder anndere erbschafftenn insgemein, auch die so für erbschafft geachtet werdenn möchten oder könndten, sollen sie nicht leihnenn, vielweniger unnd[er]stehen, dieselbe ahn sich zu khauffenn od[er] in anndere weg zu practiziern, wie inenn auch darüber kein einsatz oder erbung beschehenn soll.

Sie sollenn auch kein kauffmanschafft, handtierungh oder hanndtwerckh treibenn, doch da ein judd vom christenn ahn betzahlung wein oder fruchten annehmmen must, daß ime unverpottenn sein sollt, soll er solche wieder unnder die christenn für denn gepuerlichen werth zu vereußeren schuldigh unnd verhafft sein.

Da auch die judden vor dieser zeit etliche erbschafft aigenthumblich ahnn sich erkhaufft oder erworbenn hetten, derenn sollen sie sich in denn negsten zweien od[er] dreien folgenden jahrenn für den gepuerlichen werth wied[er]umb

|

queitt machenn, bey verlusst derselbigenn etc.

Wiewoll wir unns auch zu erinnern wißen, das alle wücherliche contract in allenn rechtenn unnd reichs-constitutionibus höchlich verpottenn unnd das pillich so woll christ ails judt vonn hundertt haubtgellts nit mehr dann funff pro interesse nehmmen soll, wir auch darüber gernn hallten wollten, so giebt doch die tegliche erfahrungh, wie gröblich unnd ungeschewet auch von denn christenn darwieder gehanndlet wirdt.

Wann aber denn judden, vonn wegen daß sie arme, ellennde unnd betruebte leüth seindt, denn sonnsten alle gewin unnd gewerb, kauffmanschafft, hanndtierungh unnd hanndtwerckh, auch publica officia verpottenn, die auch sonnsten mit vielmehr beschwerungen als die christenn beladenn sein unnd bey irem außleihen große gefahr bestehenn mußen, vonn vielln kaiserenn und koningen vergundt unnd zugelaßenn, d[aß] sie mit leihnen unnd borgenn ire nahrung mit Wucher suchenn unnd treibenn mugen, sie solches auch biß daher im gebrauch gehabt unnd angenohmmen, zugelaßenn unnd vergleittet, alß sehenn wir nit, wie muglich seie, daß etlicher unnser lanndtstendt begeren nach, der judden wucher oder interesse jetziger zeitt sollte uf funff pro cento wol fueglich reducirt werdenn können, verhengen unnd laßenn demnach hiemit zu, doch biß uff unnser wied[er]rueffenn,

daß die juddenn hinfuran denn christenn uf sicher bewegliche pfenndt, hanndtschrifften oder gutten glaubenn, wie oben stehet, ir gellt außleihnenn unnd vonn einem jedenn th[a]l[e]r vonn zehenn tagenn zu zehenn tagenn zwehnn heller, sein jährlich funfunndzwaintzigh guld[en] current od[er], da die christenn mit inen uf ein geringers sich vergleichenn köndten, nehmmen mugen, wie inenn auch darauf unnd ferrer nit gebuerliche execution im fahl der mißbetzahlung wied[er]fahrenn soll. Doch sollenn die judenn uf kirchennguetter od[er] zirath wie auch güldene kett[en], karakanten, kleinodien unnd gestollenn gutter od[er] gutter, so anndern leüthen zugehörig, deßgleichen niemandt uf wehr unnd harnisch, pflüg unnd ackher bereidtschafft wißentlich leihenn oder borgenn. Wurde aber solches durch sie uberfahrenn, solle daß außgelehnet gellt zur straff v[er]wirckht unnd uberfallenn sein, sollenn auch, da inenn solches vorkompt, alspaldt der obrigkheitt anzeigenn etc.

Wie auch denn judden verpottenn sein soll, denn jungenn haußsöhnenn sonnder irer eltther oder Vormünder wißenn unnd bewilligungh, deßgleichen auch anndern minderjährigen, so unbestattet, noch unndfer] iren funffunndzwaintzigh jahrenn unnd doch nit handtirer seien, einich gellt vonn nahmhafftiger summen zu leihnenn, alles bey straff wie nechst obenn.

Auch sollenn die juddenn ir gelldt, so sie außleihnen[8] wollen unnd inenn wiederzubetzahlen verschriebenn oder be-khandt wirdt,

|

volnkhommentlich liefernn, kein wucher gelldt darin schlagen oder einmengen, noch auch vieil oder wenigh dar-vonn abziehenn oder inbehallten oder die bekhanndtnus oder hanndtschrifft hoher stellenn laßenn dann inn der warheitt ahnn gelldt vorgestreckht wirdt, sonnd[er] sollenn vielmehr solche hanndtschrifften dem armen mahn zu guttem mit vor-wißenn jedes ortths obrigkheitt, amptleuth, burgermeister ohnn unkossten soviell muglich ist eingestellt unnd daruff ge-sehenn werde.

Sonnderlich auch solle denn judden der umbschlagh, wucher vonn wucher zu rechnen unnd zu nehmme[n], auß-trucklich verpotten sein, wie inenn auch solches im rechtenn nit zuerkhanndt werdenn soll, also unnd dergestallt, das allein der umbschlag wegenn der vorgestreckhten hauptsumma unnd darauf gelauffenen Wuchers, inmaßenn derselb oben li-mitiert, beschehenn unnd der wucher nit mehr allß einmahl von zeitt der leihnung biß uff denn umbschlag gerechnet, kein wucher in die haubtsach geschlagenn unnd also kein wucher vonn wucher gegebenn werdenn soll.

Eß sollenn auch die juddenn ire schuldt über zwey jahr unaußgemanth nit stehenn laßenn, damit sich daß interesse zu v[er]derblichem schadenn unnser unnd[er]thanen durch

---

[8] Siehe Abbildung 2: Johann von Schwarzenberg: Jüdischer Geldleiher (li.), ca. 1535, Seite 19.

lanngwirige unnd gefährliche nitaußforderungh unnd hinder-
haltungh solcher schuldenn nit heuffe, dann jhe zu zeittenn
der christ unnd schuldener darunder stirbt unnd sein widtwe
wie eß umb die schuldt gelegen, was dem ahn haubtgeldt oder
auch uf

|

interesse betzahlt sein möcht, nit wißenn kan unnd
also offtmahls gröblich verfurdtellt wurdt.

Wann ein judd gellt uf pfendt unnd gereide gutter auß-
gethan unnd in bestimpter zeit nit betzahlt wurdt unnd sich
also die pfendt v[er]stundten, soll er dieselbige hinder gericht
pringen, offenntlich schetzenn unnd umbschlagen laßen, damit sie plus offerenti v[er]kaufft, der judd, da ime ettwas ahnn
seinem capital oder interesse mangelt, sich deßelbigen ahnn
anndern seines schuldtmans guttern erhohlenn, da auch ettwas ubrich, solches dem schuldtman zu guttem kommen unnd
gereicht werden möcht. Da auch der schuldtman seine pfendt
wieder geloist unnd gequeith, sollenn ime dieselbige unverletzt und unverhindert pleiben unnd alspaldt geliefertt werdenn.

So soll auch kein judd oder juddinn inn den stettenn
unnsers ertzstiffts fleisch verkauffenn, zu abbruch der fleisch-
hewerzünfft, sonnder soll inenn solchs inn den fleckhen unnd
dörffern bevorsein unnd zugelaßenn werden.

Hierauf euch allenn unnd jedenn obgemelt[en] mit
sonnd[er]n ernnst bevelhenndt unnd gebiethendt, daß ir
sampt unnd sonnder, soviell diese unnsere v[er]ordnungh einen jedem beruheren tuet, deroselbenn allerdings hinfuran
nachkhommen, die mit fleiß haltenn, darwieder nichtz

hanndien, durch selbst od[er] anndere bey v[er]meidungh unnser ungnadt unnd ernnster straff.

Uhrkhundt unnsers hanndtzeich[en]s unnd enndt ufgetruckht[en] secretsiegels. Gebenn uff unnserm schloß Bruell, ahm drießigst[en] julii im funfftzehennhonndertzweyunndneuntzigst[en] jahre.

1599 Sep 01 Kurfürst Ernst: Kurkölnische Judenordnung[9]

Judenschafft.

Von Gottes Gnaden, Wir Ernst erwölter und bestettigter zu ertzbischoffen zu Cöllen, etc. Fügen allen und jeden, unsers Rheinischen Erzstifts, Drosten, Amptleuten, Vogten, Schultheissen, Richtern, Burgermeisteren, Kelnern, Zöllnern, Communen, Hindersassen, Underthanen und Verwandten, was Würden, Standes die sein, gemeinlich unsere Genad zuvor und hiemit zu wissen.

---

[9] Fundstelle: (Maximilian Friedrich, 1772, S. 216 ff); Nachdruck in (Bruns, 1994, S. 38 ff).

Nachdem unsere getreuwe Rheinische Landstånd und gehorsame Underthane, auff etlichen gehaltenen Landt- und Außschůßtågen vor eine hohe Beschwernuß angezogen und fůrgegeben, daß die Juden in unserm Erzstift undergeschleift und vergleittet wurden. Mit underthånigster Bitt, Wir als die hohe Obrigkeit geruheten dieselbige Juden entweder abzuschaffen, oder da es je auß sonderlichen Bedenken vor dißmal nicht geschehen kôndt, ein solche Ordnung darunder zu machen, damit ihres ubermessigen Wuchers halben, und sonsten die arme Gemeine und Underthanen, nicht dergestalt, wie biß anhero im Werk gespůhrt, zumal und gåntzlich außgesogen und verdorben wurden.

Wan Wir Uns nun gnådig und Våtterlich darauff erklårt, daß Wir wol erleiden kôndten, daß auff ein ziemliche durchgehende Ordnung gedacht wůrde, Auch begert, unsere Landtstend etliche ansehenliche geůbte und erfahrne Personen, auß jren Mittel zu Berathschlagung eines solchen gemein nutzigen Wercks unsern Råthen zuordnen wolten, wie sie gehorsamlich getan.

Und dan Uns darauff von allerseits Deputirten eheberůrten unserer Stånd, nachgehabten reiffen Berathschlagung volnkommentliche Relation beschehen, darauß Wir befunden, daß solch jr zusammen getragen Bedencken und Ordnung, unsern Rheinischen Ertzstifft Landen und Underthanen heilsamen Nutz und nothwendig, Alß haben Wir Uns darůber mit jhnen, und sie hinwiederumb mit Uns vergliechen, dieselbig gnediglich bewilligt, ratificirt und auctorisirt, Thun auch solches hiemit und in Krafft dieses, Alles inmassen wie folget:

Erstlich. Dieweil die Jůden in unserm Ertzstifft etlich hundert

| 217

Jar uber, herkommen und geduldet worden, dergestalt, daß sie in und ausserhalb eheberührts unsers Ertzstiffts uff gereide und bewegliche Gůter und Pfåndt, fort Handtschrift und gut Vertrauwen und Glauben, vermóg gemeiner Jůdenschafft Freyheit und Gebrauch, den Christen leihen und mit ihnen handthieren mógen, So lassen Wir dieselbige bey solchem alten Herkommen und Freyheiten, doch daß sie sich in jrem Thun und Handel dieser unser Ordnung, durchauß gemeß halten sollen, dißmals verbleiben.

Es sol sich aber hinfůro kein Jůd oder Jůdin in unserm Ertzstifft niderschlagen, betretten oder finden lassen, der oder sie habe dan zuvor rechtmessig gewóhnlich Gleidt, und Vorwardt unter unser Hand und Siegel erlangt, Auch sich sunsten des Inzugs und jåhrlichen Tributs vergliechen.

Wie auch hinwiederumb kein Jůd oder Jůdin sich auß unserm Ertzstifft mit jren håußlichen Nahrung und Wohnung begeben sollen, er oder sie haben dan zuvor bey rechter Zeit jre Geleydsbrieff wiederumb eingelieffert, drauff Schutz und Schirm auffgekůndiget, und jres Verhaltens halb gebůrenden Schein und Paßport, welche jnen sonder Rechtliche Ursachen nicht abgeschlagen werden sollen, erhalten.

2. Dagegen aber bey jrem jůdischen Eydt, ohne einige gesuchte Gefehrligkeit, jr Vermógen aller und jeder jrer Haab

24

und Gůter, es seie viel oder wenig, nichts außgeschlossen, angezeigt und darab den zehenden Pfenning hinderlassen, Sollen auch keine Kinder, ohne unser Vorwissen, ausserhalb unsers Ertzstiffts verheyrathen, was sie aber ausserhalb demselben verheyrahten werden, davon, es sey Manns oder Frauwens Person, sollen sie gleichfals, alles vermittels Eydes, ohn alle suchende Listigkeit, den zehenden pfenning versteuren.

3. Und demnach Uns vor diesen Clågten einkommen, als solten sich etliche Jůden und jr Gesind in nachbawrlichen Beiwohnungen mit den Christen und jrem Gesind fast ubel und zånckisch verhalten, sonderlich aber den Christen an jrem Kirchengang und Gottesdienst årgerlich und hinderlich erzeigt, deßwegen verspottet und verachtet, auch durch jre Unflåtigkeit, so sie zu gemeinen Půtzen tragen, dieselben verunreynet haben, so sollen sie sambt jrem Gesindt an denen Orthen, da die Christliche Kirchen ligen, oder der Christen gewôhnliche Processiones gehalten, und Gottesdienst verrichtet werden, nicht wohnen, sondern sollen sich anderstwo, und an denen Orthen auch, da sie jhre Wohnung angestelt - deßwegen sie dan jrer Gelegenheit nach mit den Christen in billigmassige Weg dessen Haußzinß halb zu vergleichen, und in deme jhnen kein Ziel und Maß fůrgesetzt wůrd - sich friedfertig, eingezogen und unstråfflich verhalten. Deren geclagten vor angedeuten Zånckerey, auch veråchtlicher hônischer und spôttlicher Erzeigung gegen die Christen, deßgleichen deren Půtz und Bronnen Verwůstung, und aller anderer ungebůrlichen Sachen gåntzlich můssigen, Zu dem die Jůden und Jůdinnen auch bey denen vier Hochzeitlichen und denen vůrnehm-

sten hohen Festen, Procession und Feyertagen auff der Strassen sich nicht finden lassen, sondern inheimisch in jren Häusern, alles bey Vermeidung Leibstraff verhalten.

Dabey gleichwol diß verordnet wirdt, daß kein Jůd oder Jůdin mit den Christen unter einem Dach und Hauß wohnen, dan [Jii]

| 218

vielmehr sie, die Juden, auff Sonn- und Feyertagen gleichs, die Christen jre Laden zuhalten, auff solche Zeit auch des Schuldt Einmahnens, zu müssigen, wie gleichfals sich des Schauren und Waschens ausserhalb jhren Häusern, verbleiben zu lassen.

In Kriegßläuffen sollen die Juden zu Erhaltung gutes Vertrauwen und Verstándtnuß in Wachten und andern Sachen sich verhalten, wie unser Beambten und der Statt Burgermeister jnen solches befehlen werden, und sich darin keines wegs sperren oder widern.

Damit sie sich gleichwol sampt Weib und Kindern desto besser in unserm Ertzstifft ernehren und underhalten, ist jnen zugelassen und bewilliget, daß sie auffahrende Haab, gereide Gůter und Wahr, so jnen zu Hauß bracht leihen mögen, und solches sowol in, als ausserhalb unsers Ertzstiffts.

4. Aber auff Hauß, Hoff, Weingarten, Wiesen, Landt, Buschrenten, oder ander Erbschafften ins gemein, auch die, so für Erbschafft geachtet werden möchten oder köndten, sollen

sie nicht leihen, viel weniger understehen, dieselbe an sich zu kauffen, oder in andere Weg zu practiciren, wie jnen auch darüber kein Einsetzung oder Erbung geschehen soll.

5. So sollen sie auch kein Kaufmanschafft, Handthierung oder Handtwerk - jedoch das Glaßmacher-Handtwerk, so jhnen ins gemein, biß dahero jederzeit verstatt und zugelassen gewesen, welches jnen auch hierdurch verstattet und zugelassen würdt - treiben.

Insonderheit sollen sie den Fleischhawern jre Nahrung und Handtierung, mit Vorkauff und Schlachtung mehren Viehs, weder sie in jhrer selbst Haushaltung, bedürftig, nicht entzihen, Auch jren Schuldtenern, solch Fleisch, dessen sie von dem geschlachten Vieh nicht genießen, unter Bedrawung, Umbschlagung jhrer Güter oder sonsten anderer gestalt, nicht aufftringen, Sondern allerdings der Fleischhawer Bank, jhres kauffens und Verkaufens halben frey, und wie von Alters herbracht, ohne einige jhre Geschwindigkeit, sie hette auch Namen wie sie wolle, unverhindert lassen, Inmassen ihnen dan aller Vorkauf, für den Stätten und Flecken, auch auff den Wochenmärkten, für gewöhnlicher Zeit und daß entweder deßfals ein Zeichen geben were, nicht zugelassen sein, Nach dessen aber sol jhnen gleichs den Außländischen der Kauff verstattet werden, Das Fleisch Verkauffen in der Fasten, den Christen, sol jnen, alles bey hoher Straff ernstlich verbotten sein.

Da auch die Jüden vor dieser Zeit etliche Erbschafft eygentümblich an sich erkauft oder erworben hetten, deren sollen sie sich in den nechsten zweyen oder dreyen folgenden Jahren für den gebürlichen Werth wiederumb qůit machen, bey verlust derselbigen.

Wiewol Wir Uns auch zu erinnern wissen, daß alle wucherliche Contract in allen Rechten und Reichs Constitutionen hòchlich verbotten, und das billich, sowol Christ als Jùd, von hundert Hauptgelts nicht mehr dann fùnff pro Interesse nehmen sollen, Wir auch darùber gern halten wollten. So gibt doch die tàgliche Erfahrung, wie gròblich und ungeschewet auch von den Christen darwider gehandelt wirdt.

| 219

Wan aber den Jùden, von wegen daß sie arme elende und betrùbte Leut sein, den sonsten alle Gewinn und Gewerb, Kaufmanschafft, Handtierung und Handwerk, auch publica Officia verbotten, die auch sonsten mit viel mehr Beschwerungen als die Christen beladen sein, und bey jrem Außleihen große Gefahr bestehen mùssen, von vilen Keysern und Kònigen vergònnet und zugelassen, daß sie mit leihen und borgen jre Nahrung mit Wucher suchen und treiben mògen, sie solches auch biß daher im gebrauch gehabt und angenommen, zugelassen und vergleittet, Als sehen Wir nit, wie mòglich sey, daß etlicher unser landtstend Begern nach, der Jùden Wucher oder Interesse jetziger zeit solte auff fùnf pro cento wol fùglich reducirt werden kònnen, verhengen, und lassen demnach hiemit zu, doch biß auff unser Widerruffen, daß die Jùden hinfùran den Christen auff sicher bewegliche Pfandt, Handtschrifften oder guten Glauben, wie oben steht, jr Geldt ausleihen, und von einem jeden Thaler jeder Woch drey Heller, oder da die Christen mit jnen auff ein geringers sich vergleichen kòndten, nehmen mògen, wie jhnen auch darauff und

ferner nicht, gebürlicher Execution im Fall der Mißbezahlung
widerfahren solle.

Doch sollen die Jüden auff Kirchengüter oder Zierath,
wie auch argwöhnige gestolen und geraubte Güter, oder Güter
so andern Leuten zugehörig, Deßgleichen niemandt auff Wehr
und Harnisch, Pflüg und Ackerbereitschafft wissentlichen Leihen oder Borgen, sondern da sie etwas unwissendt darauff
thun würden, und den jenigen, den es entnommen, in drey
Monat, welche von Zeit jrer Wissenschafft zu rechnen, kämen
und solches forderten, solten die Jüden schuldig sein, gegen
Erstattung dessen, so sie darauff ausgelegt, solche Stück wiederumb folgen zulassen[!], so aber keiner in bemeldter Zeit
kommen würde, mögen sie jren Willen darmit schaffen.

Wie auch den Jüden verbotten sein soll, den jungen
Hauß Söhnen, sonder jrer Elter und Vormünder Wissen und
Bewilligung, deßgleichen auch ander Minderjährigen, so un-
bestattet noch unter fünfundzwentzig Jahren, und doch nicht
Handthierer sein, einig Geldt von namhaffter Summen zu lei-
hen, alles bey Straff wie nechst oben.

6. Auch sollen die Jüden jr Geldt, so sie außleihen wollen, und jhnen wieder zu bezahlen, verschrieben oder bekendt
wirdt, vollkommentlich lieffern, kein Wuchergeldt darin
schlagen oder inmengen, noch auch vil oder wenig von dem
forte Principali abziehen oder inbehalten, oder die Bekandtnuß
oder Handtschrift höher stellen lassen, den in der Warheit an
Geldt vorgestreckt wirdt, sondern sollen viel mehr solche
Handtschriften dem armen Mann zu gutem, mit Vorwissen jedes Orts Obrigkeit, Ambtleut oder Burgermeister, ohn

Unkösten, so viel möglich ist, in gestalt und darauff gesehen werden.

Sonderlich auch sol den Jüden der Umbschlag, Wucher von Wucher zu nehmen, ausdrücklich verbotten sein, wie jnen auch solches in rechten nicht zůrkandt werden soll.

Also und dergestalt, daß allein der Umschlag, wegen der vorgestreckten Hauptsumma und darauff gelauffenen Wuchers, inmaßen derselb oben limitirt, beschehen, und der Wucher nicht [Jii2]

| 220

mehr als einmahl von Zeit der Leihung, biß auff den Umbschlag gerechnet, kein Wucher in die Hauptsummam geschlagen, und also kein Wucher von Wucher gegeben werden soll.

7. Es sollen auch die Jüden jhre Schuldt uber zwey Jahre unausgemahnet nicht stehen lassen, damit sich das Interesse, zu verderblichen Schaden unser Underthanen durch langwirige und gefehrliche, mit[10] Ausforderung und Hinderhaltung solcher Schulden, nicht häuffe, dan je zu Zeiten der Christ und Schuldener darunder stirbt, und sein Widtwe, wie es umb die Schuld gelegen, Was dern an Hauptgeldt, oder auch auff Interesse bezahlt sein möcht, nicht wissen kann, und also oftmals gröblich vervortheilt würdt.

----

[10] In der Druckvorlage: „nit".

Wan ein Jůd Geldt auff Pfåndt und gereide Gůter ausgetan, und in bestimbter Zeit nicht bezahlt wůrdt, und sich also die Pfåndt verstůndten, soll er dieselbige hinders Gericht bringen, öffentlich schåtzen und umbschlagen lassen, damit sie plus offerenti verkauft, der Jůd, da jme etwas an seinem Capital oder Interesse mangelt, sich desselbigen an andern seines Schuldtmans Gůtern erholen, da auch etwas ůbrig, solches dem Schuldtmann zu gutem kommen und gereicht werden möcht, da auch der Schuldtmann seine Pfåndt wieder gelößt und gequitet, sollen jme dieselbige unverletzt unverhindert bleiben, und alßbald geliefert werden.

Demnach dan auch weiters die Erfahrung gibt, daß die Jůden etlichen einfåltigen und bedůrfftigen Christen Gelt und anderst fůr und nahe leihen, und aufftringen, darůber entweder Handtschriften und Kerbstöckel machen, was die Christen darauf bezahlt, in keine Rechtensbůcher setzen, also den Christen den Empfang verleugnen, da auch die Christen eingefůhret, daß sie ein Handtschrift von sich gegeben, darnach aber befinden und beweisen können, ein mehrers zahlt zu haben, daß sie darůber nicht gehört oder auch zu Erwiderung der Rechnung, die Juden nit verstehen wollen, deßwegen dan jhnen an etlichen Orthen zu Beschwer der armen Leuth, zugesehen und die Handt gebotten wirdt, wollen derwegen, daß die Jůden Rechensbůcher halten, alle Posten, sowol der Ausgaben, in specie, was, wie und welcher gestalt sie den Christen leihen, auch hergegen eingenommen und empfangen, mit Tag und Datum in jre Bůcher verzeichnen, auch den Christen von dem, was sie den Jůden bezahlen, ein Recognition und Bekandtnuß herausser geben, alles in Teutscher Sprach, also und dergestalt, daß sie die Juden, verhafft sein sollen, auff Erfordern allezeit

von Anfang, sowol wegen Empfangs, als Außgaben, in specie
mit Tag und Datum Rechnung zu thun, und das vor jedem Gericht, darunter ein jeder Christ gesessen, damitten alle Be-
trieglichkeit des ungebürlichen Wucher und uber Wucher dardurch verhütet werden mögen.

Hierauf allen und jeden obgemeldt, mit sondern Ernst
befehlend und gebietend, daß ihr sampt und sonder, so viel
diese unsere Verordnung einem jedem berührn thut, derosel-
bigen allerdings hinfüran nachkommen, die mit Fleiß halten,
darwider nichts handeln, durch euch selbst oder andere, bey
Vermeydung unser Ungnad und ernster straff.

Urkundt unsere auffgedruckten Secret Siegels. Datum
auff unserm Schloß Arnsperg den

| 221

ersten Septembris im Tausent fünffhundert neun und
neuntzigsten jahr. Und sollen also hiemit alle und jede dieser
unser Ordtnung zuwiderlaufende Gleider oder Einwilligung,
so Wir jedwederne vor diesem gnädigst erteilt und bewilligt
haben möchten, sie wehren auch beschaffen, wie sie wollen,
unangesehen einer Persohn, durchaus cassirt ufgehaben und
dahin vielmehr jedtweder gehalten sein, dieser unser Ordnung
sich gemeß bey unser höchster Straff, und Ungnadt, zu verhalten, und zu erzeigen. Actum ut supra.

Ernst Churfürst *m[anu] p[ro]p[ria]*

(L. S.)

Christ[ian] Mohr.

*Abbildung 2: Johann von Schwarzenberg: Jüdischer Geldleiher (li.),
ca. 1535*

Kantonsbibliothek Appenzell Ausserrhoden, Trogen., CM Ms.
13, f. 83r; mit freundlicher Genehmigung.

1614 Feb 14 »Des Ertzstiffts Cölln Jüden Ordtnung«[11]

Des Ertzstiffts Cỏlln | JŮDEN ORDTNUNG | De | Anno MDCXIV. | Gedruckt zu Cỏlln | Durch Petrum Cholinum. | *Anno MDCXIV.*

Des Ertzstiffs Cỏlln Jủden Ordtnung de Anno MDCXIIII.[12]

Cap[ut] I. Vom Glaidt der Jủden etc.

Es soll kein Jủd oder Jủdin ohne Glaidt im Ertzstifft Cỏlln mit Håußlicher wohnung sich niderlassen und auffhalten.

Das Glaidt sol anders nicht dan nach vorgehender erklerung Ihr Churfurstl[ichen] Durchl[aucht] under derselben Secret bey dero Rheinischen Cantzeleyen expediert, fủrters deren, so Glaidt erhalten, Namen jn ein besonder Register notirt und eingeschrieben werden.

---

[11] Fundstelle: (NN, Des Ertzstiffts Cölln Jüden Ordnung, 1614), (Maximilian Friedrich, 1772, S. 221 ff) und (Bruns, 1994).
[12] Landesherr war zu dieser Zeit Ferdinand von Bayern (* 6. Oktober 1577 in München; † 13. September 1650 in Arnsberg, Westfalen) war von 1612 bis 1650 Kurfürst und Erzbischof von Köln. Als solcher gebot er auch über das Vest Recklinghausen und war Herzog von Westfalen. Er war auch Fürstbischof von Hildesheim, Lüttich, Münster und als Ferdinand I. Bischof von Paderborn.

Ehe und bevor aber solch Glaidt ertheilt, sollen die
Jůden schuldig sein ihr vermögen anzuzeigen und zu specifi-
cirn.

Kein Amptman, Vogt, Schultheiß oder andere Be-
felchshaber sol macht haben einig glaidt zugeben[!] oder Jůden
underzuschleiffen und auffzuhalten.

Die Underherrn[13] und Subalterni Domini, [A iij]

so Jůden zu verglaiten von undenklichen Jahren her-
pracht oder darzu sonderlich priviligiert, und dießfals schein
auffzulegen haben, mögen solche ihre herprachte Gerechtigkeit hinfůran continuirn, Da aber darůber Jůden auffgenommen werden, sollen dieselbe an keinem orth sicherheit haben
unnd also daß fůr diesem in Nahmen Ihrer Churfůrst. Durchl.
hochlöblichen andenkens under dato den 7 Januarij, Anno
1612, publicirtes Edict dießfals erholet und in seinen krefften
pleiben.

Die vergleite Jůden sollen sich friedfertig, still und un-
argerlich verhalten, bey frembder außlendischer obrigkeit kein
schutz, underschleiff oder handtpietung zu abbruch und
nachtheil dieses Ertzstiffts hoch: und gerechtigkeit suchen,
jhre wohnung an keinem orth, da die Christen ihre Proceßio-
nes, und andacht verrichten oder sonsten nechst bey den Kirchen haben. In der Charwochen, den vier hohen und andern

---

Christlichen Feirtagen jhre Håuser und Laden verschliessen, sich auff der Strassen nicht finden lassen, es were dan, daß umb dieselbe zeit ihr Osterfest [=Pessach] einfallen oder sonsten die hohe notturft ein anders erfordern wůrde, viel weniger die Christen ihrer

|

außstehender schuldt halber mahnen und sonsten anfordern.

Sollen auch bey keinem Christen unter einem tach wohnen noch Christen Såugammen oder Gesindt in ihrem Hauß halten.

Zu kriegszeiten in Wachten und andern sachen sich der Beampten und Bůrgermeister verordnung bequůmen und gemeß erzeigen.

Da einer auß dem Ertzstifft verweichen wůrd, soll Er erstlich seinen Glaidtsbrief zur Cantzeleyen einlieberen, die Creditores bezahlen, die Schůldener und entlehner fůrbescheiden, mit denselben abrechnen und auff zahlung oder gewisse Terminen handtlen, die in handen habende Pfende hinderlassen und an ein sicher ort deponirn, zu gleich wegen des außzugs sich vergleichen.

Die frembde außwendig gesessene Jůden sollen sich im Ertzstifft nicht finden lassen, da sie aber denselben ihrer gelegenheit nach berůren můssen, das Zol- und Glaidtgelt bezahlen, Dero wegen bey jedes orths Obrigkeit sich anmelden, für jede Person von xxiiii biß zu xxiiii stunden zween Rader alb[us] an den verordtneten zolstetten

|

verrichten und nicht uber acht tage still ligen, sie haben dan darüber bey der Obrigkeit bescheidt erlangt, auff straff Leib und Guts.

Wan auch die Jüden, so im Ertzstifft Seeßhafft und an einen sichern orth verglaitet sein, an ein ander ort und zolstatt kommen, sollen sich gleicher gestalt angeben, Jhr Glaidt in originali, oder authentica copia fürzeigen und zu mehrer nachrichtung die Copey hinderlassen, und darauff unverhindert jhrer gelegenheit nach passirn, da sie in deme seumig, sollen gleich anderen verzollen oder, wie oben, gestrafft werden.

Ob gleich die außwendige unverglaidte Jüden dergestalt verzollen, sollen sie doch dardurch nicht bemechtigt oder beurlaubt sein, einige handtierung, sonderlich mit wucher, - darvon hernacher -, und einkauffen, Auch auff Jahr: und Wochenmarkten viel weniger auff Son[n]: und Feyrtagen den Fürkauff zu treiben.

Cap[ut] II. Von Handtierung der Jüden

Die Jüden, so Glaidt erhalten, mögen im Ertzstifft mit auffrichtigen probirten

|

Gůlden unnd Silberwerk, mit Pferden und sonderlich denen Wahren, so ihnen in Zahlung jhres vorgestreckten Geldts geben oder sonsten nicht ins groß und großer anzahl acquirirt, auch mit zimblicher Handtarbeit sich ernehren und dergestalt ohne nachtheil der Stette und Gemeinden wolherbrachter freyheit und gebůrlicher Acciß handtieren.

Uber das soll jhnen zu vermeidung der Underthanen schaden und andern unrath nachgesehen werden, auff fahrende Haab und geraithe Gůter, so jhnen zu Hauß pracht, Handschrifften und gut vertrawen In: und Außwendigen Gelt zu leihen und Monatlich nicht uber einen von hundert zu nehmen.

Es sollen aber die Jůden, so in den Underherrschafften oder ausser dem Ertzstifft gesessen, darunter nicht begriffen, noch solchen Wucher zu treiben bemechtigt sein, sie hetten dan auch vom Landtfůrsten Glaidt und darůber einen schein außbracht.

Ebenfals sollen die verglaidte Jůden zu nachtheil dieser Ordtnung mit der unverglaidten Gelt zu deren nutz und vortheil keinen wucher und Handel treiben. [A v]

|

Auff Hauß, Hof, Weingarten, Wiesen, Landt, Busch, Renthen oder andere Erbschafften, Auch Wehr, Wapffen, Harnisch, Pfluch und andere Acker bereitschaft nicht leihen, viel

weniger auff Kirchengůter und Zierhat, Auch bey Nåchtlicher
weile ihnen zubrachte und sonsten argwohnige, gestollene
und andern zustendige Gůter, Also keinem Dienstgesindt auff
Hausgerath, Kleynodien, Silbergeschier, naß und blůtig Ge-
wandt, rohe unberait Tuch, gefårbte Wůllen und dergleichen
verdechtige sachen, sie wissen dan kůndtlich, daß dieselbe
dem Zubringern zugehörig oder zu dem ende jhnen vertraůt
sein; Da under dessen wegen gestollener gůter ein schul[d]ban
beschehen wirdt, soll ein jeder die rechte warheit außzusagen
und nichts daran zuverschweigen[!] schuldig sein.

Sollen auch den jungen Haußsöhnen und minderjåhri-
gen, so nicht Handthierer sein, ohne der Eltern und
Vormůnder vorwissen und belieben, Auch den Vögten und
Schultheissen, darunter sie gesessen und Execution suchen,
kein Geldt außleihen.

Noch die Verschreibung und Handtschrifften

hoher und weiter stellen lassen, dan sie Geldt in warheit außgeben, noch etwan von dem capitali an statt des Wuchers und sonsten abziehen und vorauß behalten oder einig
wucher zum Capital schlagen und darauff zahlung und
Execution annehmen.

Dahero zu mehrer richtigkeit die obligation, unnd
Handtschrifften durch den Schůldener selbst mit vollen lit-
tern[!] ohne Ziffern, und da derselb Schreibens unerfahren

und die summ über fünfftzig Daler, in beywesen zweyer Scheffen oder Gerichts Personen, Da aber die summ under fünfftzig Daler, durch den Gerichtsschreiber oder einen bey der Churfürstlicher Cölnischer Cantzeleyen immatriculirten Notarien bekennen, schreiben und underschreiben lassen.

Ferners Rechenbücher halten, darin die Summ und alle Posten, so wol der außgaben als empfangs, mit Tag und dato verzeichnen, von dem empfang eine bekantnuß oder quitung geben, Auch auff erfordern das Rechenbuch vorbringen und daraus die Außgab justificirn, und das in Teutscher sprach. [21]

Sollen auch die Schuldt über zwey Jahr uff

|

gesuch und gewin des Wuchers unaußgemahnet nicht stehen lassen, es were dann der termin zur zahlung im anfang weiters außgestelt oder der schuldener nicht einheimisch oder dießmahln nicht zahlbar, alsdann sol nach verlauff des Termins und widerkunfft des Schuldtmans die außmahnung beschehen und auff den letzten fall der unvermögenheit die Schuldt für dem Gericht eröffnet, calculirt und der Schuldtbrieff ohne beysetzung und vermischung des wuchers erneürt werden.

Nach umbgang bestimbter zeit sol der Jüde schüldig seyn, die in handen habende und von des Ertzstiffts Underthanen empfangene Pfende, unangesehen wie die obligation, daß jhme dieselbe für die Schuldt verbleiben solle, gestelt, hinder das Gericht bringen, ȯffentlich schetzen, ummschlagen und sub hasta plus offerenti verkauffen lassen, Was übrig, dem Schuldtmann herauß geben, oder ermangelt, an andern dessen Gütern erholen.

Da auch auff solchen fall und sonsten, wan der Jüde auff credit, und gut vertrawen gehandelt und Gelt vorgestreckt, keine gereide und

|

bewegliche Güter vorhanden, sol jhme unbenommen sein, auff die unbewegliche Güter, wie oblaut, ad distractionem zuverfahren, andern Christen zuverkauffen und sich daraus zahlt zu machen.

Bey diesem allem soll kein Jüde seine schult und anforderung in einigem weg einem Christen übergeben und durch andern contract zustellen, alles bey verlust derselbigen, es wurde dann mit erkentnuß Rechtens dem Christen solche action in solutum ȯffentlich angewiesen.

Uber das soll den Jüden verbotten sein, mit Müntzwesen zu handlen, grobe und gute Sorten auff zu wechseln, zu beschneiden, zu brechen, in den Diegel zu werfen, zuverschmelzen[!], in andere, an schrott und korn geringere sorten vermünzen zu lassen oder anders wohin zu schicken und sonsten in andere unzulessiger weiß damit zu handlen.

Gleicher gestalt solt kein Jůd mehr Viehes, wie[14] er in
seiner Haußhaltung bedůrftig, schlachten, gleichwol was er
nach ihrem Gesatz, jedoch ohne bedrug und darunder gesuchten vortheil, nicht genießen mag, Christen für einen

|

zimblichen pilligen preiß ausser der Fasten zuverkauffen macht haben, nicht aber seinen schuld[n]ern mit be-
drewung des umbschlags gesetzter underpfend oder sonsten
ander gestalt Wucher daran zu geben, auffdringen.

Wie auch auff Jahr- und Wochen Marckten in Stett
und Flecken für gewöhnlicher zeit und gegebenen zeichen den
Vorkauff nicht treiben, sonder nach dem zeichen gleich einem
frembden Außwendigen kauffen, in deme sich doch bescheidentlich halten, keinem Christen in seinen kauff fallen.

Damit nun diese Ordtnung desto baß und bestendiger
gehalten werden mag, sol ein jeder, sonderlich auß den Jůden,
schůldig sein, den verbrecher, so gegen dieselbe in einem oder
im andern teil handlen würdt, bey der Obrigkeit anzugeben
unnd namhaft zu machen, bey straff nach ermessigung.

Was aber in dieser ordtnung weiters in specie nicht
versehen, soll bey gemeinen beschriebenen Rechten und
Reichs Abschieden verpleiben mit vorbehalt, diese Ordtnung

---

[14] In der Druckvolrage: „wider".

nach gelegenheit der sachen und zeiten zu mehren und zu mindern.

|

Letztlich sollen alle und jede Amptleute, Kelnere, Richtere, Vôgten, Schulthe[i]ssen und andere des Ertzstiffts angehôrige auff diese Ordtnung steif und vast halten, die Jûden darûber nicht beschweren lassen, sondern mehr in allen der gebûr schûtzen und handthaben, darzu alle bevorstehende mittel an handt nemen und in deme nichts underlassen, Darnach sich ein jeder zu richten.

Geben Bonn, den xiiii. Februarij, Anno M.DC.XIV.

1686 Nov 16 Kurfürst Maximilian Heinrich: »Ernewert- und verbesserte Juden-Ordnung deß Ertz-Stiffts Cöllen«[15]

Wir Maximilian Henrich von Gottes Gnaden Ertz-Bischoff zu Cöllen, deß Heiligen Römischen Reichs durch Italien Ertz-Cantzler und Churfürst, deß H[eiligen] Apostol[ischen] Stuels zu Rom Legatus natus, Bischoff zu Hildesheimb und Lüttig, erwöhlter Bischoff zu Münster, Administrator zu Bergtesgaden, in Ob- und Niedern-Bäyern, auch der Obern-Pfaltz, in Westphalen, zu Engern und Bovillon Hertzog, Pfaltz-Graff bey Rhein, Land-Graff zu Leuchtenberg, Burggraff zu Strohmberg, Marggraff zu Franchimont, Herr zu Borcklohe etc.

Thun hiemit kund und zu wissen was gestalt Unsere Löbl[iche] Landt-Stände dieses Ertz-Stiffts Uns zu öffteren mit Vorstellung vieler beweglichen Ursachen und Außschaffung der Judenschafft unterthänigst belangt und gebeten; Ob Wir

---

[15] Fundstelle: (Joesten, 1900, S. 14 ff).

nun zwar Ihrem gehorsambsten Bitten statt zu geben und deß-
willen annoch angestanden, weilen die Röm. Kirch gedachte
Judenschafft zum Zeugnuß deß wahren Catholischen Glaubens: und damit sie durch der Christlichen Obrigkeit, Güte und
Mildigkeit ihren Irrthumb zu erkennen, und das Liecht der allein seeligmachenden Religion zu erlangen, angereitzt werde,
duldet, und gegen allen Unbill und Gewalt schützet und hand-
habet; So haben Wir dannoch Unsers höchsten Amts zu seyn
ermessen, die von Unseren Vorfahren am Ertz-Stifft höchst-
seeliger Gedächtnuß außgangene Juden-Ordnung erneueren,
auch zum theil nach Anlaß der jetzigen Zeiten und eingerissener Mißbräuche in einigen Puncten verändern, die vor und
nach von erwehnter Judenschafft aufgewürckte Rescripta zusammen ziehen, und erleutern, forthin eine neue den gemeinen Rechten, Päbstlichen Satzungen, und Reichs-Abschieden
gemässe Ordnung verfassen, selbige zu männigliches Wissenschafft in offenem Druck außgehen, und darin das Absehen
vornehmlich dahin richten zu lassen, damit mehrermelte Judenschafft, so lang dieselbe in Unserm Schutz und Glayd verbleibt, ihren nothdürftigen Underhalt und Nahrung haben, aller unzulässiger Wucher und Handel aber verhütet, auch zwischen der Christlichen Freyheit, und Jüdischen Dienstbarkeit
nach Anleitung der angezogenen Päbstlichen Bullen, und
Reichs-Policey-Ordnung ein mercklicher Unterscheidt gehalten werden möge.

Caput I.

Von der Juden Glaydt und Zoll.

Es solle zum Ersten kein Jud oder Judin ohne Glayd in Unserm Ertz-Stifft mit häußlicher Wohnung bey Verlust seiner Güter, und Vermeidung schwerer Leib-Straff sich niederlassen und auffhalten.

Das Glayd solle unter Unserer Hand und Siegel bey Unser Hoff-Cantzley ertheilt, und forderst deren Nahmen, so das Glayd erhalten, in eine besonder Register eingeschrieben werden.

Solle keinem Juden in Unsers Ertz-Stiffts Stätten Glayd verstattet werden, der nicht achthundert Reichsthaler, auff den Dörffern aber niemanden, der nicht vierhundert Reichsthaler in Vermögen hat, solches auch beweisen könne, und darauff in der gemeinen Tax angeschlagen werde.

Kein Beambter, Vogt, Schultheiß, oder andere Bediente sollen Macht haben den Juden Glayd zu geben, oder denselben Auffenthalt und Unterschleiff tacite vel expresse zu verstatten, im widrigen jedesmahls in fünffzig Goldgulden Straff verfallen seyn.

Die Unter-Herrn und subalterni Domini, so Juden zu verglayden von undenklichen Jahren herbracht, oder darzu sonderlich privilegijrt, mögen solche ihr herbrachte Gerechtigkeit hinführan continuiren, jedoch daß selbige Juden sich dieser Ordnung gemäß verhalten, den Tribut und andere der Judenschaft von Uns aufferlegte Lasten der Taxe gemäß abstatten, auch nicht in übermäßiger Zahl, noch einige so weniger dann vierhundert Reichsthaler in vermögen haben, von den Unter-Herren angenommen werden.

Falls nun ein und ander Jud seine Kinder, Knecht, oder Mägde verheyrathen würde, sollen sie selbiges innerhalb vierzehn Tagen jedes Orths Beambten kund thun, und bey nicht Erlangung Landfürstlichen Glaydts die verheyrathe Kinder in Zeit eines halben Jahrs, die Dienstboten aber in sechs Wochen Frist von sich abschaffen, selbige sich auch gleich darauff bey Verlust ihrer Güter auß dem Ertz-Stifft begeben.

Es solle auch kein Jud in Schutz auffgenommen oder vergläydet werden, er habe dann zuvorderst Nahmens seiner Kinder und Haußgenossen Mannlichen Geschlechts, welche über 14. Jahr alt, nach seinem Juden-Ayd gelobt und geschworen, Uns und Unserem Ertz-Stifft zu Nachtheil und Abbruch keinen Unterschleiff oder Handthierung zu suchen, sondern so lang er daselbst geduldet wird, Uns in allem treu, gehorsamb und gewärtig zu seyn, Unsern Schaden zu warnen, und Nutzen zu befördern.

Und damit man jederzeit wissen möge, wie viel Juden-Persohnen sich in Unserem Ertz-Stifft befinden, so soll jedes Jahrs auff den zweite Januarij durch Unsere Beambte, Schultheisen und Vögte, auch Burgermeister und Rath in den Stätten, Geist- und Weltliche Unter-Herren, auch Pfandtsinnhabere jedes Orths, wo Juden wohnhafft seynd, eine richtige Verzeichnuß aller in jeder Statt, Flecken und Dörffern sich befindender Judischer Haußgesessenen mit Benennung aller darin befindlicher Juden-Persohnen, es seyen Mann, Weib, Kinder, Haußgenossen, oder Gesinde, wie die Nahmen haben mögen,

von wannen sie seynd, und ob sie mit Glaydts-Briefen versehen, zu unserer Hoff-Cantzley und Hoff-Cammer geschickt
werden.

Die Frembde außwendig gesessene Juden sollen sich
im Ertz-Stifft nit finden lassen, da sie aber denselben ihrer Gelegenheit nach berühren müssen, das Zoll- und Glayd-Gelde
bezahlen, derowegen bey jedes Orths Obrigkeit sich anmelden,
für jede Person von 24 bis zu 24 Stunden 2. Rader alb[us] an
den verordneten Zollstätten bey Straff Leibs und Guts entrichten.

Wann auch die Juden, so im Ertz-Stifft seßhafft, und
an einem sichern Orth verglaydet seynd, an ein ander Orth
und Zoll-Statt kommen, sollen sie sich gleicher Gestalt angeben, ihr Glayd in Originali oder authentica copia vorzeigen,
und zu mehrer Nachrichtung die Abschrifft hinterlassen, darauff unverhindert ihrer Gelegenheit nach passiren, da dieselbe
in dem saumig, sollen sie gleichs andern verzollen, oder, wie
oben, gestrafft werden.

Ob gleich die außwendige unverglaydte Juden dergestalt verzollen, sollen sie doch dardurch nicht bemächtiget
oder beurlaubt seyn, eigene Handthierung, sonderlich mit Wucher, und Einkauffen, auch auff Jahr- und Wochen-Märckten,
vielweniger auff Sonn- und Feyer-Tägen den Vorkauff zu treiben.

Caput II.

Von ihrer Kleidung, Wandel, und Wohnung.

Es sollen die von Uns verglaydte Juden und Judinnen, damit sie desto besser von den Christen entschieden werden können vermög der Päbstlichen Bullen und deß Heil. Römischen Reichs Policey-Ordnung, einen gelben Ring[16] auff der Brust allenthalben unverborgen bey zwey Goldgülden Straff, so offt sie solches unterlassen, offentlich tragen.

Die verglaydte Juden sollen sich friedfertig und unverweißlich ohne Hochmuth, Zanck und Hader verhalten, bey frembder Obrigkeit keinen Schutz noch Handtbiethung zu Unsers Ertz-Stiffts Nachtheil erwerben, ihre Wohnung an keinem Orth, da die Christen gemeinlich ihre Processiones und Andacht verrichten, oder sonsten nechst bey der Kirchen haben, in der Charwochen, den vier hohen, und andern Christlichen Feyer-Tägen ihre Häuser, Fenster, und Läden verschliessen, und sich auff der Strassen nicht finden lassen, es wäre dann, daß umb dieselbe Zeit ihr Oster-Fest [=Pessach] einfallen, oder sonsten die hohe Notthurft ein anders erfordern werde; viel weniger sollen sie die Christliche Debitoren auff Sonn- und Feyer-Täge mit Schuld-Anmahnung- oder Abrechnungen beunruhigen, noch ihrer Handthierung selbst nachgehen, auch keine Pistolen oder ander Gewehr in den Stätten oder auff dem Land führen.

---

[16] Siehe Abbildung 1: Jude aus Worms (16. Jhdt.), Seite 5.

Sollen auch bey keinem Christen unter einem Dach wohnen, noch Christen-Säug-Ammen oder Gesind in ihrem Hauß halten, noch sich der Christlichen Mägd oder Knecht auff ihrem Sabbath gebrauchen.

Zu Kriegs-Zeiten in Wachten und anderen Sachen sich der Beambten und Bürgermeister Verordnung bequemen, und gemäß erzeigen, jedoch, weilen sie mit keinen Christen unter einem Dach wohnen solle, der Einquartierung halber sich mit Bürgermeistern und Rath jedes Orths umb ein sicheres Stück Geldts abfinden.

Auch sollen sie mit keinem ordinari noch extra-ordinari Contributionen, Schatzungen und Steuren von Unsern Land-Ständen, Beambten, Bürgermeistern und Rath belegt; sondern solches allein in nöthigen Reichs- und Landrettungs-Fällen Unserer Disposition anheimb gestellet werden; jedoch die Nachbahrlasten und Beysteuren zu Reparation und Unterhaltung der Weeg, Steeg, Brunnen und dergleichen nach Proportion beyzutragen verbunden seyn.

Nachdem in der geistlichen Rechten bey Straff der Excommunication verbotten, daß man sich keiner Jüdischen Medicorum gebrauchen solle; So setzen und ordnen Wir, daß bey ermelter Straff und unter einer Geld-Pön von 10. Goldgülden den Päbstlichen Constitutionen hierinn nachgelebt werden solle, es sey dann, daß kein Christlicher Medicus deß Orths zu erlangen wäre, also die Noth den Judischen zu gebrauchen erfordere.

Caput III.

Von der Juden Handthierung.

Damit dann die von Uns in Schutz genommen Juden, so lang sie sich ihren Glaydbrieff, und dieser Unserer Verordnung gemäß, auch sonsten gegen uns unterthänig, gehorsam, und unverweißlich bezeigen, ihre Notthürfftige Leibs-Nahrung und Unterhalt haben mögen, so solle ihnen zugelassen und vergönnet seyn, in Unserem Ertz-Stifft mit Kleinodien, Gold und Silber-Geschirr, Wein, und allerhand Früchten, Pferd, Rind, Schaff, und anderm Vieh, auch mit alten Kleyderen und Woll, doch daß der Verkauff denen in Unserem Ertz-Stifft gesessenen Wüllenwebern biß auf Laurentij [=10. August] gelassen werde; so dann mit allerhand rohen Häuten und Fellwercken zu handthieren: von Krahm-Wahren aber, die seyen trucken oder fett, soll in Unseres Ertz-Stiffts Stätten, wo verscheidene Christliche Krämer, und absonderlich, wo selbige mit eigener Zunfft privilegijrt seynd, den Juden mit eintzelen, Maaß und Pfund etwas zu verkauffen nicht zugelassen, wohl aber ohne Haltung offener Laden mit viertheil Centner, viertheil Ohmen, und nicht darunter, Item mit gantzen Stücken und anders nicht zu veräusseren gestattet seyn.

In den Flecken und Dörfferen aber, allwo, oder auch in der Nähe keine Krämer wohnen, solle den Juden erlaubt seyn die Essenwahren in kleinem bey rechtmässigen Maaß und Gewicht, jedoch in billigen Preiß und ohne Wucher zu verkauffen.

Sollen sie alles Geld und Silber, so sie durch Kauff oder sonsten erlangen, gegen gebührliche Zahlung zu Unserer Müntz lieffern, und ausser Land nicht verpartieren, keine gute grobe Sorten auffwechseln, beschneiden, zerbrechen, in Diegel werffen, verschmeltzen, und in andere an Schrodt und Korn geringere Sorten vermüntzen oder vermüntzen lassen, weniger die gute grobe Sorten ausser Land schicken, und dagegen gering haltige Müntzen ins Land bringen und einschleiffen, oder sonsten in andere unzulässige Wege damit handlen, alles bey Straff der Confiscation, so bald auch einige frembde und verdächtige Müntz-Sorten in das Ertz-Stifft gebracht werden, gleich nach erhaltenber Nachricht bey unserer Hoff-Cantzley oder Hoff-Cammer umb gebührende Remedijrung anzeigen.

Gleicher Gestalt sollen sie auch auff Jahr- und Wochen-Märckten in Stätt und Flecken, vor gewöhnlicher Zeit und gegebenem Zeichen, den Vorkauff nicht treiben, viel weniger denjenigen, so etwas zu Marck bringen wollen, ausser den Stätten entgegen gehen; sondern nach dem Zeichen gleich einem frembden Außwendigen kauffen, in dem sich doch bescheidentlich halten, keinem Christen in den Kauff fallen, und sich der Marck-Ordnung gantz gemäß halten.

Deß Vieh-Schlachtens und Fleisch-Verkauffens sollen sich die Juden in Unserem Ertz-Stifft ferners nicht gebrauchen, als was ihnen zu ihrer eignen Haushaltung nöthig, und ahn also geschlachtetem Vieh, so sie nach ihrem Gesetz nicht essen dörffen, übrig bleibt, jedoch ausser der Fasten, und ohne darunter gesuchten Vortheil und Verschlag; Da aber dergleichen sich bey ein oder anderm befünde, sollen der oder die nicht allein ihres Glaydts verlustiget; sondern auch neben Confiscation deß Viehes, mit einer arbitrari straff angesehen werden, gleich dan wegen besichtigung ihres schlachtens und Schechtens eine sonderliche Verordnung zu thun Uns hiemit vorbehalten.

Die jenige, so in den Stätten wohnen, sollen den Accis und andere bürgerliche Lasten tragen, jedoch höher nicht, dan die Christen darin nach proportion angeschlagen werden.

Caput IV.

Von der Juden Geld-Außleihen, Pension, Außfertigung der Handtschrifften, und Haltung der Rechen-Bücher.

Es sollen Unsere verglaydete Juden keinem Mann ohne das Weib, noch dem Weib hinter dem Mann, da selbige bey einander seyn können, es seyen dan bekante glaubhaffte Handels- oder sonsten in Ehren-Aembteren sitzende Leuthe, oder es werde forters deß abwesenden Ehe-Gattens wissen oder consens, innerhalb Zwey Monathen beygebracht, auch keinen Kinderen, Söhn- oder Töchteren, Minderjährigen, Dienst-Botten, noch Studenten einiges Geld bey verlust desselbigen vorstrecken, noch von denselben Wahren ohne vorher beschehene erfragung der Elteren, des Hauß-Herren, oder Vormünder erhandlen, abkauffen, oder in Versatz nehmen.

Was Sie nun zulässiger Weise von Wahren außborgen, und an Geldt außleihen werden, solches solle ohne Betrug und

Arglist mit bahrem dargezehltem Geld, oder geliefferten auffrichtigen Wahren geschehen, und bey ihrem Jüdischen Ayd,
daß darunter keine fälschlich angenommene Simulation vorgangen, auff Erforderen behauptet werden.

Die Verschreibung und Handschrifften sollen sie nicht
weiter noch höher stellen lassen, dan sie Geldt in Wahrheit
außgeben, noch etwas von dem Capital ahn statt deß Wuchers
oder Discretion, und daß der Debitor mit dem Geldt befördert
worden, abziehen und vorauß behalten, oder einigen Wucher
zum Capital schlagen, und darauff Zahlung und Execution annehmen, bey Verlust der gantzer Schuldt, auch deß Gerichts-
Schreibers, Notarij, Pastoris, Scheffen und Zeugen, so sich dabey gebrauchen lassen, arbitrari Bestraffung.

Dahero zu mehrerer Richtigkeit die Obligationen und
Handt-Schrifften, wann die darin enthaltene Summ sich uber
Zehen Reichsthaler belaufft, durch jedes Orths Gericht-Schrei-
beren, und Zwey Scheffen, oder einen geschwornen bey Unser
Hoff-Cantzley immatriculirten Notarien, oder auch auff dem
Land und in den Dörfferen durch des Orths Pastoren oder
Schulmeisteren, beyseyns zweyer Zeugen beschrieben, auch in
deren gegenwart Jährlichs berechnet, sonsten aber für ungül-
tig gehalten werden, davon jedoch außgenommen werden
Standts- und in Ehren-Aembteren sitzende Persohnen und
Handelsleuthe, dan deren von sich gegebene Handtschrifften
bey ihren Kräfften gelassen werden.

Sie sollen auch ihre auffrichtige Manualia oder Rechen-Bücher, und zwar nicht in Jüdisch- oder Hebreisch- sonderen in Teutscher Sprachen halten, dieselbe auch mit teut-

schen Buchstaben schreiben, und auff Erforderen vorzubringen schuldig seyn, denen dann, falls sonst selbige mit Benennung der eigentlichen Zeichen, auch der jenigen, so die Wahren abgeholt, der Gebühr versehen, der Gegenempfang darin
angezeichnet, und sonsten gegen die Juden, so das Manual gehalten, nichts erhebliches mag eingewendet werden; in den geringen Summen biß auf zehen Reichsthaler wegen außgeborg-
ten Wahren, in so weit Glaub solle zugestellt werden, wann sie
solche, und daß darunter kein Verschlag, Betrug, noch Falschheit enthalten seye, in Ermangelung anderen nöthigen Be-
weißthums mit ihrem Jüdischen Ayd nach erkantnuß deß
Richters würcklich bestärcken werden.

Was allso oberwehnter massen Unseren Unterthanen
im Ertz-Stifft außgebürgt und vorgeliehen worden, das solle
gültig seyn, und darauff summarie erkannt und exequirt werden, auch von jedem hundert Thaler Capital Cöllnischer Wehrung acht Thaler, da sich aber das Capital über hundert Thaler
in einer oder verschiedenen Obligationen bey einem Deboto-
ren erstrecken würde, sechs von hundert jährlich zu nehmen
erlaubt seyn.

Von denen Wahren sollen nach vorgangener richtiger
Abrechnung oder nach bestimbtem Zahlungs-Termin fortan
von jedem hundert Thaler fünff selbiger Thaler gezahlt werden.

Frembde Juden aber sollen dieses Interesse nicht ge-
niessen; sondern ihnen mehr nicht, dann von jedem Hundert
fünff durchgehendts gestattet werden.

Es sollen auch Unsere verglaydete Juden alle Jahr umb
Bezahlung ihrer Schuld fleissig anhalten, und keine Obligation

über drey Jahre lang stehen lassen; Da sie aber solches auß Nachlässigkeit thun würden, solle kein Interesse weiter lauffen.

Die ihnen zugestellte Pfände sollen ohne Vorwissen deß jenigen, dem selbige zugehörig, ehender nicht, als nach Verfliessung eines Jahrs verkaufft, dem Debitoren auch, oder demjenigen, so das Pfand den Juden zugebracht, der obhandener Verkauff sechs Wochen zuvor angekündigt und frey gestellt werden, das Pfandt gegen Erlegung der vorgeliehenen Hauptsummen und Pensionen wiederumb einzulösen, oder selbst zu verkauffen in dessen Hinterbleibung aber dem Juden frey stehen, die Pfände gerichtlich taxiren und dem Meistbietenden veräusseren, was übrig, dem Schuldner heraußgeben, was aber ermangelt, auß anderen Güteren ergäntzen zu lassen; da jedoch die Pfände nicht über zwantzig Thaler Cöllnisch wehrt, solle nicht nöthig seyn die gerichtliche Citation und Taxation ergehen zu lassen, es wäre dann, daß der Schuldner solches in specie begehren würde: doch solle gar nicht zugelassen, sondern bey Verlust der Schuld verbotten seyn einiges Pactum zu machen, daß, im Fall die Pfände in gewisser Zeit nicht gelöst würden, alsdann dieselbe verfallen seyn sollten.

Es sollen ferner die Juden das Haupt-Geld das erste, das zweite, und dritte viertel Jahr ohnweigerlich, so gar ohne vorgangene Auffkündigung mit dem verlauffenen Interesse in einer gantzen Summ, wie das dem Debitori eben kombt, und ihm geliebt, anzunehmen, und dagegen die versetzte Pfände, wie sie selbiger empfangen, ohnverärgert, und die Original Obligationes nach völlig beschehener Zahlung heraußzugeben schuldig seyn.

Was auch den Juden nach und nach an Pension oder auff das Capital bezahlt, und abgelegt wird, dasselbe soll allemahl unter, oder a tergo der Haupt Obligation klärlich verzeichnet und angeschrieben, und darneben eine Quittung gegeben werden.

So viel nun die von den Juden schon hiebevor Unseren Christlichen Unterthanen vorgeschossene Gelder belangt, solle es nach Abfliessung der jetzigen Glaydts-Jahren der Capitalien, auch künftig erfallender Pensionen halber dieser Ordnung gemäß gehalten, was aber die vor deren Publication erschienene, wie auch biß zu Ablauffung jetziger Glaydts-Jahren annoch erscheinende Zinsen anreicht, nach den vorigen Rescriptis geachtet werden.

Caput V.

Von gestohlenen, und anderen den Juden zu kauffen oder zu verhandelen verbottenen Güteren, und Actionen.

Es sollen die Juden ohne Unsere special Erlaubnuß keine liegende oder unbewegliche Güter, und was unter deren Nahmen begriffen, erb- und eigenthumblich an sich bringen, viel weniger etwas bey nächtlicher Weyl, noch auch Wehr, Waffen, Harnisch und Pflug an sich durch Kauff, Tausch oder Pfandschafft erhandlen, weder auch von Soldaten, und frembden Passanten, von unmündigen oder in vätterlicher Gewalt stehenden Kinderen und Dienstbotten einige zu vorgangener

Entfrembdung Verdacht gebende Wahren, als Haußrath, Kleinodien, Silbergeschirr naß- und blutig Gewand, rohes unbereites Tuch, gefärbte Wüllen- und dergleichen Sachen erkauffen, sie wissen dann kundlich, daß selbige dem Zubringeren gehörig, oder zu dem End ihm anvertrauet seynd, bey Verlust dessen, was sie darauff geliehen, oder dafür gegeben haben.

Auch sollen sie mit verdächtigen Dieben keine Gemeinschafft haben, oder wissentlich gestohlene Wahren an sich kauffen; sondern da wegen gestohlener oder geraubter Güter ein Gerücht außkäme, oder der Schuldbann geschehen wäre, und deretwegen Nachfrag gethan würde, einem oder anderen Juden aber von solchen gestohlenen Sachen etwas wissend wäre, sollen sie dasselbe, auch von sich selbst und ungefragt, der Obrigkeit bey Verlust ihres Glaydts und schwerer Straff anzeigen.

Würden ihnen auch Kelch, Monstrantz, und Kirchen-Zierath feil gebracht, oder versetzt, dieselbe sollen sie anderer Gestalt nicht, denn füglich, und unvermerckt annehmen, der Orths Beambten, Schultheisen, Scheffen, oder Pastoren hinterbringen und einliefern, auch, da möglich, den Verkäuffer so lang auffhalten; würden sie aber solches unterlassen, und dergleichen Sachen bey ihnen gefunden werden, sollen sie arbitrarie, und gestalten Sachen nach an Leib und Leben gestrafft werden.

Hätten sie aber von bekannten Leuthen, oder aber auff offentlichen Marck-Tägen von unverdächtigen Persohnen in gutem Glauben gestohlene Güter an sich bracht, und es würde bewiesen und außgemacht, daß es gestohlen Gut seye, sollen sie dasselbe gegen Erstattung deß außgelegten Geldts, dessen Quantum so wohl, als auch, daß sie keine Wissenschafft noch Verdacht deß gestohlenen Guts gehabt, noch haben können, mit einem Juden-Ayd zu beteuren schuldig, auffrichtig und ohne einige Hinterhaltung heraußgeben, hingegen aber den Verkäuffer oder Zubringer namhafft machen, oder, da sie selbiges nicht thun würden, oder der Verkäuffer nicht zu betretten, oder nicht zahlbar wäre, das Gut ohne einigen Entgelt dem eigenthumberen folgen lassen.

Wäre aber solches allbereits veräussert, sollen sie dasselbe, im Fall es von denen in § 1 gemeldten Persohnen erkaufft oder versetzt, oder eine von denen in § 2 und 3 gemelten Sachen wäre, wiederumb an Hand bringen, und da solches nicht möglich, den empfangenen Werth darfür gut machen.

Dieweil auch in den Reichs-Satzungen heilsamblich und wohl verordnet, daß kein Christ einem Juden seine Action und Forderung gegen einen anderen Christen abkauffen, oder ein Jud als Schuldgläubiger einen anderen Christen dergleichen Action in einige Weeg bey Verlust derselben cediren und übertragen, keine Obrigkeit oder Notarius dergleichen Contracten bey Entsetzung ihrer Ehren und Aembter verfertigen solle: So wollen Wir, daß demselben gehorsambst nachgelebt, und von niemanden bey oberwehnten Straffen darwieder gehandtlet werde.

Caput VI.

Wo die Juden Recht suchen und empfangen sollen.

Es sollen zwar die von Uns verglaydete Juden, wann sie unter sich, oder auch Außländische mit ihnen ihrer Ceremonien halben zu thun haben, sich durch ihre Rabbiner entscheiden zu lassen bemächtiget sey, doch ohne Nachtheil und Abbruch Unserer habenden Regalien und Jurisdiction, und daß, was davon an Geldt-Straffen fallet, Unserer Hoff-Cammer geliefert werde, derohalben dann der Vorgänger, welche solche Straffen einzunehmen, und darzu absonderlich zu beaydigen, und dem Rabbiner zu adjungiren, schuldig seyn solle jährlich umb Martini [=11.November] vorgedachter Unserer Hoff-Cammer bey Straff von 20 Goldgülden auffrichtige Rechnung zu thun.

Würde aber ein oder ander Jud durch deß Rabbiners Partheilichkeit oder Neyd gedruckt zu seyn vermeinen, so solle demselben an Unseren Hoff-Rath die Zuflucht zu nehmen unverwehrt seyn.

Was aber Malefitz-Sachen, als Hurerey, Ehebruch, Mord, Diebstall, Verrätherey, Verwundung, und was dergleichen mehr höhere und geringere in die Peinlichkeit lauffende Verbrechungen und Ubelthaten, so unter ihnen verübt werden mögten, belangt, dieselbe sollen sie vor ihre Rabbiner nicht bringen, noch vor denselben rechtfertigen, oder vergleichen lassen, sondern ein jeder von ihnen solle bey dem Ayd und Pflichten, womit er Uns zugethan und verwandt ist, so offt sich dergleichen etwas zutragen wird, ohne alle Gefehrde, auch ohnerfordert von sich selbsten, und auß eigener Bewegnuß, Uns oder Unserem Hoff-Rath, Beambten, Schultheiß oder Scheffen, ohnangesehen einiges der andern Juden-Banns oder Excommunication anzuzeigen schuldig, und ernstlich verwarnet seyn.

Jedoch sollen die Beambte so wenig als auch Bürgermeister und Rath in den Stätten in Civil-Sachen den Brüchtfälligen Juden die Straff anzusetzen bemächtiget; sondern hiermit angewiesen und verbunden seyn das Verbrechen an Unsere Hoff-Cantzley pflichtmässig zu berichten, woselbst dann die Straff den Rechten gemäß befindenden Dingen nach determinirt, und deren Zahlung bey Unserer Hoff-Cammer verrichtet werden solle.

In anderen Bürgerlichen in die Judische Ceremonien nicht einschlagenden Sachen solle ein Jud den andern, auch durchgehendts in allen sowohl Real- als personal Actionen ein Christlicher Unterthan die Juden, und die Juden hingegen die Christen nicht vor den Rabbineren; sondern vor jedes Orths ordentlicher Obrigkeit besprechen, und darin dieses Ertz-Stiffts Ordnungen und Gebräuchen gäntzlich nachgelebet werden.

Weilen jedoch den Juden der Zutritt in Unsere Statt Cöllen nicht verstattet wird, so können Wir biß auff weitere Verordnung geschehen lassen, daß die Juden so wohl, wan sie andere besprechen, als auch hingegen, da sie besprochen werden, weder an Unser hohes, noch Geist- oder Weltliches Hoff-Gericht in Cöllen gezogen; sondern ihnen der Weg Rechtens bey Unserem hohen Gericht zu Bonn eröffnet werde; von dannen aber die Appellation an unser Revisorium gehe.

Caput VII.

Von der Juden Abzug und Vesthaltung dieser Ordnung.

Da ein verglaydter Jud auß Unserem Ertz-Stifft abziehen würde, solle er erstlich seinen Glaydts-Brieff zu Unserer Hoff-Cantzley einliefern, seinen Abzug offentlich verkündigen, die Schuldner und Entlehner vorbescheiden, mit denselben abrechnen, und auff Zahlung oder gewisse Terminen handlen, die in Handen habende Pfände zurücklassen, hinter die Obrigkeit deponiren, zugleich auch wegen deß Abzuggeldts mit Unser Hoff-Cammer sich abfinden.

Was nun in dieser Ordnung in specie nicht versehen, solches solle den gemeinen Rechten und Reichs-Abschieden gemäß gehalten werden, Uns auch vorbehalten bleiben, diese Ordnung nach Gelegenheit der Sachen und Zeiten zu mehren oder zu mindern.

Letztlich sollen alle von uns verglaydte und anderen Juden sich dieser Unser Ordnung, so lieb ihnen seyn wird, Unsere Ungnad und schwere Straff zu vermeiden, in allem gehorsambst bequemen, Unsere Rähte, Ambtleuthe, Drosten, Richtere, Schultheiß, Vögte, Bürgermeistere, Scheffen, und alle Bediente Unseres Rheinischen Ertz-Stiffts und Hertzogthumbs Westphalen darüber allzeit ein ernstes Einsehen haben, keine

Ubertretung nachsehen, noch auch gestatten, daß die Juden darwieder beschwert, oder einiger Gestalt beleidiget werden.

Dessen zu Urkund haben Wir diese Ordnung mit eigenen Handen unterschrieben, und Unser Cantzley-Insiegel darneben auffdrucken lassen: So geben in Unser Residentz-Statt Bonn den 16. Novembris 1686.

Maximilian Henrich

Churfürst zu Cöllen.

1700 Juni 28 Kurfürst Joseph Clemens: »Ernewerte Juden-Ordnung«[17]

ERNEWERTE | JUDEN-ORDNUNG | De ANNO 1700.

Bonn | zu finden bey Leonard Rommerskirchen Churfürstl. Hoff-Buchtrucker.

---

[17] Fundstelle ist ein zeitgenössischer Druck: (Joseph Clemens, 1700); ferner (Scotti, 1830, S. 557 ff); (Bruns, 1994, S. 86 ff); Staatsarchiv Münster, Kurkölnische Edikte, Band 36, fol. 8-20 in Oktav.

Wir Joseph Clemens, von Gottes Gnaden Ertz-Bischoff zu Cöllen, des H[eiligen] Römis[chen] Reichs durch Italien Ertz-Cantzler und Churfürst, des H. Apostolischen Stuhls zu Rom Legatus natus, Bischoff zu Regenspurg und Lüttig, Coadjutor zu Hildesheim, Administrator zu Bergtesgaden, in Ob- und Niederen Bayern, auch der Oberen Pfaltz, in Westphalen, zu Engeren und Bouillon Hertzog, Pfaltzgraf bey Rhein, Landgraff zu Leuchtenberg, Marggraff zu Franchimont, Graff zu Lohe und Horn etc.

Thun kund hiemit und zu wissen, Daß, obzwar Wir von Löblichen Land-Ständen verscheidentlich seynd belangt worden, umb die Judenschafft auß diesen unseren Ertz-Stifftischen Landen völlig außzuweisen, daß Wir doch auß gewissen, Unß bewegenden Ursachen noch zur Zeit darin zu gehehlen bedenken getragen, hingegen haben Wir die von unseren Vorfahren am Ertz-Stifft hochseeligster Gedächtnus außgangene Juden-Ordnungen erneweren, auch zum Theil nach Anlaß der jetzigen Zeiten und eingerissener Mißbräuch in einigen Puncten veränderen, die vor und nach von erwehnter Judenschafft außgewirckte Rescripta zusammen ziehen und erleuteren, forthin eine Newe denen gemeinen Rechten, Päbstlichen Satzungen und Reichs-Abscheiden gemäße Ordnung verfassen, selbige zu mennigliches Wissenschafft in offenem Truck außgehen und darin das Absehen vornemblich darin richten lassen, damit mehrermelte Judenschafft, so lang dieselbe in unserem Schütz und Glåydt[18] verbleibt, ihren nothtürftigen Unterhalt und Nahrung haben; aller unzuläßiger Wucher und Handel aber verhütet, auch zwischen der Christlichen Freyheit und Judischen Dienstbarkeit ein mercklicher Unterscheid gehalten werden möge.

Caput primum. Von der Juden Glaid und Zoll.

Es solle zum ersten kein Jud oder Judin ohne Glåid in unserem Ertz-Stifft mit haußlicher Wohnung bey Verlust seiner Güter und Vermeidung schwårer Leibs-straff sich niederlassen und auffhalten. [I]

| 2

Das Glåidt solle unter unserer Hand und Siegel bey unserer Hoff-Cammer ertheilt und fordrist deren Nahmen, so das Glaidt erhalten, in ein besonder Register eingeschrieben werden; vorhero aber der umb Glaidt sich anmeldender Jud vom Vorgånger und såmbtlichen Vorsteheren ein Zeugnus seines Wohlverhaltens und Ordnungs-måßigen Vermögens beybringen, welche Zeugnus erwehnte Vorgånger und Vorstehere

---

¹⁸ Das Wort „Geleit" kommt in der Vorlage in verschiedenen Fassungen vor: „Glåydt", „Glaid", „Glåidt" u.ä.

aydtlich zu bewehren und zu underschreiben schuldig seyn
sollen.

Soll keinem Juden in unsers Ertz-Stifft Städten Glayd
verstattet werden, der nicht tausent Thaler, auff denen Dörfferen aber niemanden, der nicht sechs hundert Thaler Cöllnisch
in Vermögen hat, solches auch durch gnugsamen Schein beweisen könne und darauff in der gemeinen Tax angeschlagen
werde. Doch wan hiesige eingesessene Juden ihre Kinder auß-
heyrathen und umb das Geleyt zu erlangen bey unser Hoff-
Cammer sich in Zeiten geziemend anmelden, wollen Wir geschehen lassen, daß auch solches in Städten denenselben befindenden Dingen nach mitgetheilt werden könne, wan sie
auch nur die Summ sie von sechs hundert Thaler Cöllnisch im
Vermögen haben.

Kein Beambter, Vogt, Schultheiß oder andere Bediente
sollen Macht haben, einigen Juden Glaydt zu geben oder dero-
selben Auffenthalt und Unterschleiff tacite vel expresse zu verstatten, im widrigen jedesmahls beyderseits in fünffzig
Goltgülden Straff verfallen, auch das ertheiltes Glaid null und
nichtig seyn.

Die Unter-Herren und Subalterni Domini, auch die
Pfands-Herren, so Juden zu verglaiden von undenklichen Jahren hergebracht oder darzu sonderlich privilegiirt[!], mögen
solche ihre herbrachte Gerechtigkeit hinfüran continuiren, jedoch daß selbige Juden dieser Ordnung gemäß sich verhalten
den Tribut und andere der Judenschafft von Uns aufferlegte
Lasten der Tax gemäß abstatten, auch nicht in übermeßiger
Zahl noch einige, so weniger dan sechs hundert Thaler

Cöllnisch in Vermögen haben, von denen Unter-Herren ange-
nohmen werden, welche jedesmahl von des angenohmenen
Glaydt eine authentische Abschrifft Uns zu dem End einzu-
schicken gehalten seyn sollen, damit die Anzahl allinger Juden
der Churfürstl. Hoff-Cammer bekant auch sonsten wißig seye,
ob dieser Ordnung gemäß sie verglaidet seyn mögen, wobey
doch gedachten Unter- und Pfandsherren hiemit außtrücklich
eingebunden wird, keinem Juden, deme von Uns das Glaydt
abgeschlagen oder auffgekündet ist worden, in ihren Unter-
herrlichkeiten solches ohne Unser gnädigstes Vorwissen und
Belieben zu verstatten.

Damit aber auch in denen Underherrschafften und
pfandschafftlichen Örtheren so wohl als in unserem gantzen
Ertz-stifft der Unterschleiff des unnützen Juden-Gesindleins
verhütet werde, So ordnen und wollen Wir, daß die Unter-Herren keine Juden anderer gestalt als nach beygebrachter Zeugnuß über ihr Verhalten und Vormögen nach Inhalt des § 2
auffzunehmen befügt seyn mögen.

Fals nun ein oder ander Jud seine Kinder, Knecht oder
Magd verheyrathen würde, sollen sie selbiges innerhalb
14. Tagen jedes Orths

| 3

Beambten kund tun und bey nicht Erlangung
Landtsfürstlichen Glaidts die verheyrathe Kinder in Zeit eines

Jahrs, die Dienstbotten aber in sechs Wochen frist von sich abschaffen, selbige sich auch sogleich darauff bey Verlust ihrer Güter auß dem Ertz-stifft begeben.

Es solle auch kein Jud in Schutz auffgenohmen oder verglaidet werden, Er habe dan zuforderist Nahmens seiner Kinder und Haußgenossen månlichen Geschlechts, welche über 14. Jahr, nach seinem Juden Ayd gelobt und geschworen, Uns und Unserem Ertz-stifft zu Nachtheil und Abbruch keinen Unterschleiff oder Handthierung zu suchen, sonderen so lang Er daselbst geduldet wird, Uns in allem trew gehorsamb und gewårtig zu seyn, unseren Schaden zu warnen und Nutzen zu befürderen. Und

Damit man jederzeit wissen möge, wie viel Juden-Personen sich in unserem Ertz-stifft befinden, so soll jedes Jahrs auff den 2. Januarii durch unsere Beambte, Schultheißen und Vögte, auch Bürgermeister und Rath in denen Städten, Geist- und Weltliche Underherren und Pfands Einhabere jedes Orths, wo Juden wonhafft seynd, eine richtige Verzeichnus aller in jeder Stadt, Underherrlichkeit, Flecken und Dörfferen sich verhaltender Judischer Haußgesessenen mit Benennung aller darin befindlicher Juden Personen, es seyen Mann, Weib, Kinder, welche über 14. Jahr alt, Haußgenossen oder Gesinde, wie die nahmen haben mögen, von wannen sie seynd und ob sie mit Glaids-Brieffen versehen, ohne einiges Beschwer deren Juden zu Unserer Hoff-Cammer eingeschickt werden.

Die frembde außwendig gesessene Juden sollen sich im Ertz-Stifft nicht finden lassen, da sie aber dasselbe ihrer Gelegenheit nach berühren müssen, das Zoll- und Glaidt-Geld bezahlen, derowegen sich bey jedes Orths Obrigkeit anmelden für jede Persohn von 24. biß zu 24. stunden in hiesigem Rheinischen Ertz-stifft 2 Rader Albus oder den Werth dafür zu 5. Albus 4. Heller Cóllnisch. In Westphalen aber zwey Petermenger an denen verordneten Land-Zoll Stådten bey arbitrari Straff und Verlust ihres bey sich führenden Guts entrichten.

Wan auch die Juden, so im Ertz-stifft seßhafft und an einem sicheren Orth verglaidet seynd, an ein ander Orth und Zoll Stadt kommen, sollen sie sich gleicher gestalt angeben, ihr Glaid in Originali oder Authentica Copia vorzeigen und darauff ungehindert ihrer Gelegenheit nach passiren, da dieselbe in deme saumig, sollen sie gleichs anderen verzollen.

Ob gleich die außwendige unverglaidete Juden dergestalt verzollen, sollen sie doch dardurch nit bemächtiget oder beurlaubt seyn, einige Handtierung sonderlich mit Wucher und Einkauffen, auch auff Jahr- und Wochenmarck[t]en noch sonsten den Verkauff zu treiben.

Caput secundum. Von ihrer Kleydung, Wandel und Wohnung.

Es sollen die von Uns verglåidete Juden und Judinnen der kostbarer Sammet- und Seiden-Tracht, auch Spitzen, weniger nicht deren Krågen in der Form, wie die Catholische Geistliche solche [II 2]

| 4

brauchen, so dan der gülden und silberer Galaunen und Knöpffen auff ihren Kleyder zu tragen sich enthalten, noch auch Pistohlen oder ander Gewehr auffm land oder in denen Städten führen.

Die vergläidete Juden sollen sich friedfertig und unverweislich ohne Hochmuth, Zanck und Hader verhalten, bey fremder Obrigkeit keinen Schutz noch Handbietung zu unseres Ertz-Stiffts Nachtheil erwerben, ihre Wohnung nicht zunahe bey der Kirchen, sonderen wenigst vier Häuser davon, die Synagoge aber, damit der Catholischer Dienst nicht behindert werde, noch weiter davon haben, in der Charwochen, denen vier hohen und anderen Christlichen Feyrtagen, auch wan die Christen ihre Processionen halten, ihre Fenster und Laden verschliessen und sich auff der Straßen nicht finden lassen, es wäre dan, daß umb dieselbe Zeit ihr Oster-Fest einfallen oder sonsten die hohe Noturfft ein anderes erforderen würde, vielweniger sollen sie die christliche Debitoren auff Sonn- und Feyrtäge mit Schuld-Anmahnungen oder Abrechnungen beunruhigen noch ihrer Handtierung selbst nachgehen.

Sollen auch bey keinen Christen unter einem Dach wohnen noch Christen Säugammen oder Gesind in ihrem Hauß halten noch sich der Christlichen Mägd oder Knecht auff ihrem Sabbath gebrauchen, dergestalten gleichwohl, daß denen benachbarten Christen erlaubt seyn solle, ihnen Juden Fewr und Licht ex jure vicinâ anzuzünden, und sollen in Betrettungs-Fall die ihnen wider diesen Verbott dienende Christen so wohl als die Juden selbst mit willkührlichen Strafen angesehen werden.

Zu Kriegszeiten, in Wachten und anderen Sachen sich der Beambten und Bürgermeister Verordnungen bequåmen und gemåß erzeigen, jedoch weilen sie mit keinen Christen unter einem Dach wohnen sollen, der Einquartierung halber sich mit Bürgermeister und Rath jedes Orths umb ein sicheres billigmåßig proportionirtes Stück Geldts abfinden.

Nachdem in denen Geistlichen Rechten bey Straff der Excommunication verbotten, daß man sich keiner Judischen Medicorum gebrauchen solle, so setzen und ordnen Wir, daß bey ermelter und anderen arbitrarien Straffen denen Påbstlichen Constitutionen hierin nachgelebt werden solle, es seye dan, daß kein Christlicher Medicus des Orths zu erlangen wåre und also die Noth den Judischen zu gebrauchen erfordere, welcher gleichwohl eine von selbst gefertigte Medicinen hergeben, sonderen die Recepten in die Apothec vorschreiben solle.

Caput tertium. Von der Juden Handtierung und Lasten.

Damit dan die von Uns in Schutz genohmene Juden, so lang sie sich in ihrem Glaidt-Brieff und dieser unser Verordnung gemåß, auch sonsten gegen Uns unterthånigst, gehorsambst und unverweislich bezeigen, ihre notürfftige Leibs-Nahrung und Unterhalt haben mögen, so solle ihnen zugelassen und vergönnet seyn, in unserem Ertz-stifft mit Kleinodien, Golt und Silber-Geschirr, Wein und allerhand Früchten, Pferd, Rind, schaaff und anderen Viehe, auch mit alten Kleyderen und Woll, sodan mit allerhand rohen Håuthen, Fell-Wercken und Krahm-Waaren, jedoch ohne Haltung offener Laden, zu handtieren.

Sollen sie alles Golt und Silber, so sie durch Kauff oder sonsten erlangen, gegen gebührliche Zahlung zu unserer Müntz lieferen und ausser Land nit verpartieren, keine gute grobe Sorten auffwechselen, beschneiden, zerbrechen, in Diegel werffen, verschmeltzen und in andere, an Korn und Schrott geringere Sorten vermüntzen oder vermüntzen lassen, weniger die gute Probe Sorten ausser Land schicken und dagegen die geringhåltige Müntzen ins Land bringen und einschleiffen oder sonsten in andere unzuläßige Wege damit handlen alles bey confiscation, und anderen in denen Reichs-Satzungen enthaltenen Straffen so bald auch einige frembde und verdåchtige Müntz-Sorten in den Ertz-stifft gebracht werden gleich nach erhaltener Nachricht bey unserer Hoff-Cantzley und Hoff-Cammer umb gebührende Remediirung solches anzeigen.

Gleicher gestalt sollen sie auff Jahr- und Wochen-Mårcken in Stådten und Flecken vor gewöhnlicher zeit und gegebenen Zeichen den Vorkauff nicht treiben, vielweniger denjenigen, so etwas zu Marck bringen wollen, ausser denen Stådten entgegen gehen, sonderen nach dem Zeichen gleich einem frembden auswendigen kauffen, in dem sich doch bescheidentlich halten, keinem Christen in den Kauff fallen und die Marck-Ordnung wohl beobachten.

Das Viehe schlachten und Fleisch verkauffen soll auch denen Juden jedoch dergestalt erlaubt seyn, daß in denen Stätten, wo Metzger-Zunfften vorhanden, das von denen Juden einbringendes Viehe an einem sicheren, von jedes Orths Obrigkeit anweisenden bequåmen Orth eine stund lang öffentlich hingestelt werde.

Diejenigen, so in denen Städten wohnen, sollen den Accis und andere Bürger Lasten tragen, jedoch hoher nit dan die Christen darin nach Proportion angeschlagen werden, desgleichen sollen sie in unserem gantzen Ertz-stifft bey denen Gemeinden, worunter sie wohnen, zu Reparation und Unterhaltung deren Weeg, Steg, Brunnen und dergleichen nach Proportion beyzutragen verbunden seyn.

Dahingegen aber mit keinen ordinari noch extraordinari Contributionen, Schatzungen oder Steuren, wie sie Nahmen haben, von unseren Löblichen Land-ständen, Beambten, auch Bürgermeister und Rath belegt, sonderen solches allein in nöthigen Reichs- und Land-Rettungs Fällen unserer gnädigster Disposition anheimb gestelt seyn und bleiben.

Caput quartum. Von der Juden Gelt außleihen, Pension, Außfertigung der Handschrifften und Haltung der Rechen-Bücher.

Es sollen unsere verglaidete Juden keinem Mann ohne das Weib noch dem Weib hinter dem Mann, da selbige beyeinander seyn können, es seyen dan bekante glaubhaffte Handels- oder sonsten in Ehren-Ämbteren sitzende Leuthe oder es werde vordrist des abwesenden [II]

Ehegattens wissen oder Consens innerhalb zwey Monaten, unter straff der Ungültigkeit von der Obligation beygebracht, auch keinen Kindern, Söhn oder Töchteren, Minderjährigen, Dienstbotten noch Studenten einiges Gelt bey Verlust desselbigen vorstrecken noch von denselben Waaren ohne vorher beschehener Anfragung der Elteren, der Hauß-Herren oder Vormünder erhandlen, abkauffen oder in Versatz nehmen.

Was sie nun zulässiger Weise von Waaren außborgen und an Gelt außleihen werden, solches solle ohne Betrug und Arglist mit baarem dargezehltem Gelt oder gelieferten, auffrichtigen Waaren geschehen und bey ihrem Judischen Aydt, daß darunter keine fälschlich angenohmene Simulation vorgangen, auff erforderen behaubtet werden.

Die Verschreibung und Handschriften sollen sie nicht weiter noch höher stellen lassen, dan sie Gelt in Warheit außgeben, noch etwas von dem Capital anstatt des Wuchers oder Discretion und daß der Debitor mit dem Gelt befürdert worden, abziehen und vorauß behalten oder einigen Wucher zum Capital schlagen und darauff Zahlung und Exekution annehmen, bey Verlust der gantzer schuldt, auch des gerichtschreibers, Notarii, Pastoris, scheffen und Zeugen, so sich darbey gebrauchen lassen, arbitrari bestraffung.

Dahero zu mehrerer Richtigkeit die Obligationen und Handschrifften, wan die darin enthaltene summ sich über zehen Reichsthaler belaufft, durch jedes Orths Gerichtschreiberen und zwey Scheffen oder durch einen Geschwornen, bey

unser Hoff-Cantzley immatriculirten Notarien oder auch auff
dem Land und in denen Dörfferen durch des orths Pastoren
oder schulmeisteren beyseins zweyer zeugen beschrieben,
auch in deren Gegenwart jährlichs berechnet, sonsten aber für
ungültig gehalten werden, es seye dan, daß der Debitor sich
obigen alles in der Obligation außtrücklich begeben hätte,
gleich dan auch davon außgenohmen werden Stands und in
Ehrenämbteren sitzende Persohnen und Handels Leuthe, deren von sich gegebene Handschrifften bey ihren Kräfften gelassen werden.

Es sollen auch die jenige, welche der Teutscher Schrifft
erfahren, ihre Manualia oder Rechen-Bücher in solchen Cha-
rakter halten, dieselbe auch mit teutschen Buchstaben schreiben und auff erforderen vorzubringen schuldig seyn, die jenige
aber, so der teutscher schrifft unerfahren, zwarn dieselbe in
Hebräischer Schrifft, jedoch in teutschen Wörteren einrichten,
denen dan ins gesambt, fals sonst selbige mit benennung der
eigentlichen Zeiten, auch der jenigen, so die Waaren abgeholt,
der gebühr versehen, der Gegen-Empfang darin angezeichnet
und sonsten gegen die Juden, so das Manual halten, nicht erhebliches mag eingewendet werden, in den geringen Summen
bis auff zehen Reichsthaler wegen außgeborgter Waaren in so
weit Glaub solle zugestellet werden, wan sie solche, und daß
darunter kein Verschlag, betrug noch Falschheit enthalten
seye, in Ermangelung anderen nöthigen beweißthumbs mit ihrem Judischen äydt nach Erkäntnus des Richters würcklich bestärcken werden.

Was also oberwehnter massen unseren Unterthanen
im Ertzstifft außgeborgt und vorgeliehen worden, daß solle

gültig seyn und darauf summarie erkant und exequirt werden;
auch ins künftig von jedem hundert Thal[e]r

| 7

Capital Cöllnischer wehrung acht Thaler, da sich aber
das capital über hundert Thaler in einer oder verscheidenen
Obligationen bey einem Debitoren erstrecken würde, sechs
von hundert jährlich zu nehmen erlaubt seyn. die Contracten
aber, welche biß anhero mit denen Juden gemacht worden, sollen nach besag des vorigen Gelaidts biß zu Zahlung der Schuld,
welche dem Debitori allezeit frey stehet, in ihrer Krafft verbleiben.

Wan gleichwohl die im Ertzstifft wohnend und verglaidete Juden mit benachbarten Unterthanen handelen und
denenselben Gelt oder Gelts werth vorstrecken, sollen denenselben erlaubt seyn, von selbigen so viel an interesse zu forderen und einzunehmen, als in besagten benachbahrten Landen
dasigen Juden zu erheben gestattet ist.

Von denen Waaren sollen nach vergangener richtiger
Abrechnung oder nach bestimbten Zahlungs Termin fortan
von jedem hundert Thaler fünff selbiger Thaler zahlt werden.

Frembde Juden aber sollen dieses Interesse nicht genießen, sonderen ihnen mehr nit dan von jedem hundert fünff
durchgehends gestattet werden.

Die ihnen zugestelte Pfånde sollen ohne vorwissen des
jenigen, dem selbige zugehörig, ehender nicht als nach Verfliessung eines Jahrs verkaufft, dem Debitoren oder auch dem
jenigen, so das Pfand denen Juden zugebracht, der obhandener
Verkauff sechs Wochen zuvor angekůndet und freygestelt
werden, das Pfand gegen Erlegung der vorgeliehenen Haubt-
Summen und Pensionen wiederumb einzulösen oder selbst zu
verkauffen, in dessen Hinterbleibung aber dem Juden freyste-
hen, die Pfånde gerichtlich taxiren und dem meistpietenden
veråusseren, was ůbrig, dem Schuldner heraußgeben, was aber
ermangelet auß anderen Gůteren ergåntzen zu lassen, da jedoch die Pfånde nicht ůber zwantzig Thaler Cöllnisch werth,
solle nicht nötig seyn, die gerichtliche Citation und Taxation
ergehen zu lassen, es wåre dan, daß der Schuldner solches in
specie begehren wůrde, doch solle gar nicht zugelassen, sonderen bey Verlust der Schuld verbotten seyn, einiges Pactum
zu machen, daß im Fall die Pfånde in gewisser Zeit nicht
gelöset wůrden, alßdan dieselbe verfallen seyn solten.

Es sollen ferner die Juden das Haubt-Gelt das erste,
zweyte und dritte Viertheil Jahr unweigerlich, sogar ohne vorgangene Auffkůndigung mit dem verlauffenen Interesse in einer gantzer Summ, wie das dem Debitori eben kombt und ihme
geliebt, anzunehmen, und dagegen die versetzte Pfånde, wie
sie selbige empfangen, unverårgert und die original Obligationes nach völlig beschehener Zahlung herauß zu geben schuldig seyn.

Was auch denen Juden nach und nach an Pension oder
auff das Capital bezahlt und abgelegt wird, dasselbe soll al-

lemahl unter oder a tergo der Haubt-Obligation klårlich verzeichnet und angeschrieben, und daneben eine Quitung gegeben werden.

Caput quintum. Von gestollenen und anderen denen Juden zu kauffen oder zu verhandlen verbottenen
Güteren und Actionen.

Es sollen die Juden ohne unser special Erlaubnus keine
ligende oder unbewegliche Güter und was unter deren Nahmen begriffen, erb- und aigenthumblich an sich zu bringen
bemåchtiget seyn. [II 2]

| 8

Ebenmåßig soll denenselben keines wegs erlaubt seyn,
Gewehr, Wapfen, Harnisch und Pflug-Zeug an sich durch
Kauff, Tausch oder durch Pfandschafft zu erhandelen, weder
auch von Soldaten und frembden Passanten, von Unmündigen
oder in Våtterlichem gewalt stehenden Kinderen und Dienstbotten einige der Entfrembdung verdåchtige Waaren, naß und
blůtig gewand, rohes unbereites Tuch und dergleichen sachen
erkauffen, bey Verlust dessen, was sie darauff geliehen oder
gegeben haben.

Vielweniger sollen sie mit Dieben und verdåchtigen
Personen einige Gemeinschafft haben oder wissentlich gestohlene Waaren an sich kauffen, auch da wegen gestohlener oder
geraubter Güter ein gerucht außkåme oder der Schul[d]bann

geschehen wåre und derentwegen Nachfrag getan wůrde, einem oder anderem Juden aber von solchen gestohlenen Sachen ichtwas wissend wåre, sollen sie dasselbe auch von sich selbst und unbefragt der Obrigkeit bey Verlust ihres Glaydts und schwårer Straff anzeigen.

Wůrden ihnen auch Kelch, Monstrantzen und Kirchen-Zierath feil gebracht und versetzt, dieselbe sollen sie gantz glimpflich annehmen, alsobald aber jedes orths Beambten, Schultheißen, Scheffen oder Pastoren hinterbringen und einliefern, auch da möglich, den Verkåuffer so lang, biß solches geschehen, auffhalten, wůrden sie aber dasselbe unterlassen und dergleichen Sachen bey ihnen gefunden werden, sollen sie arbitrarie und gestalten Sachen nach an Leib und Leben gestrafft werden.

Wan sonsten von bekanten Leuthen oder auff öffentlichen Marck-Tågen von unverdåchtlichen Personen gestohlene Gůter in gutem Glauben an sich gehandelt und dan gegen den Juden gar kein Verdacht einiger Wissenschafft des gestohlenen Guts beygebracht werden kan, sollen sie dasselbe gegen Erstattung des außgelegten Gelts - wan sie dessen quantum sowohl als auch, daß sie kein Wissenschafft noch Verdacht besagten gestohlenen Guts gehabt noch haben können, vorhin mit einem leiblichen Juden Aydt betheuret haben - auffrichtig und ohne Hinterhaltung heraußgeben, dabeneben aber auch bey selbigem ihrem geleisteten Juden Aydt den Verkåuffer oder Zubringer namhafft machen, oder wo selbiger zu betretten und zu erfragen, ihre deßfals habende Wissenschafft auffrichtig offenbahren, so dan hierdurch des wider sie geschöpfften Argwohns entlediget seyn.

Dafern aber ein oder ander Jud obigen Verordnungen zuwider handelen würde, sollen sie die erkauffte waren in natura wieder zu geben, oder da selbige nicht mehr an hand zu bringen, in seinem Verth befindenden Dingen nach gut zu machen schuldig seyn, der desfals verwürckter Straff in alle Wege verbehältlich.

Damit aber niemand sich dieses wider die Juden mißbrauche und sein oder eines anderen Sachen, welche er durch andere subornirte Personen selbst zu verkauffen oder zu verpfänden außgeben, nicht als gestohlene zurück forderen könne, so soll gleichwohl der jenig, welcher von einem Juden ein Gut als gestohlen zurück forderen wolte, gnugsamen Beweiß oder Anzeig beybringen, daß solches ihme durch einen Diebstahl würcklich entfrembdet.

Weilen auch in denen Reich-Satzungen heylsamblich und wohl

| 9

verordnet, daß kein Christ einem Juden seine Action und Forderung gegen einen anderen Christen abkauffen oder ein Jud als Schuldglaubiger einem anderen Christen dergleichen Action in einige wege bey Verlust derselben cediren und übertragen, keine Obrigkeit oder Notarius dergleichen Contracten bey Entsetzung ihrer Ehren und ämbter verfertigen solle, so wollen Wir, daß demselben gehorsambst nachgelebt und von niemanden bey oberwehnten Straffen darwider gehandlet werde.

Caput sextum. Wo die Juden Recht suchen und empfangen sollen.

Es sollen zwar die von Uns verglaidete Juden, wan sie unter sich oder auch Außländische mit ihnen ihrer Ceremonien halber zu thůn haben, sich durch ihre Rabbiner entscheiden zu lassen bemåchtiget seyn, doch ohne Nachteil und Abbruch unserer habenden Regalien und Jurisdiction.

Wůrde aber ein oder ander Jud durch des Rabbiners Partheilichkeit oder Neidt gedruckt zu seyn vermeinen, so solle demselben an unsere Gerichter die Zuflucht zu nehmen unverwehrt seyn.

Was aber Malefitz-Sachen als Hurerey, Ehebruch, Mord, Diebstall, Verråtherey, Verwundung und was dergleichen mehr hôhere und geringere, in die Peinlichkeit lauffende Verbrechungen und Ubeltaten, so under ihnen verůbt werden môgten, belangt, dieselbe und alle andere Laster, auch in ihre Ceremonien nicht einschlagende Sachen sollen sie vor ihre Rabbiner nicht bringen noch vor denenselben rechtfertigen, sonderen ein jeder solle bey dem Aydt und Pflichten, womit er Uns zugethan ist, so offt sich dergleichen etwas zutragen wird, ohne alle Gefehrde, auch unerfordert von sich selbst, unseren Beambten unangesehen einigen Verbotts, Juden-Bans oder Excommunication anzuzeigen schůldig auch ernstlich verwarnet seyn.

Jedoch sollen die Beambte so wenig als auch Bůrgermeister und Rath in denen Ståtten in Civil Sachen denen brůchtfålligen Juden die Straff anzusetzen bemåchtiget, sonderen hiemit angewiesen und verbunden seyn, das Verbrechen gehörigen Orths pflichtmäßig zu berichten, und wan die Straff denen Rechten gemäß befindenden Dingen nach determinirt seyn wird, soll deren Zahlung bey Unserer Hoff-Cammer verrichtet werden.

In anderen Bürgerlichen, in die Judische Ceremonien nicht einschlagenden sachen solle ein Jud den anderen auch durchgehends in allen so wohl real- als personal Actionen, ein Christlicher Unterthan die Juden und die Juden hingegen die Christen nicht vor denen Rabbineren, sonderen vor jedes Orths ordentlicher Obrigkeit besprechen und darin nach deren Juden Gewonheit und üblichem herbringen, bey deren Abgang aber nach dieses Ertz-Stiffts Ordnungen und Gebräuchen, auch sonsten nach gemeinen Rechten gerichtet werden.

Weilen jedoch denen Juden der Zutritt in unsere statt Cöllen nicht verstattet wird, so können Wir biß auff weitere Verordnung geschehen lassen, daß die Juden so wohl wan sie andere besprechen als auch hingegen, da sie besprochen werden, weder an unser Hohes noch Geist- oder Weltliches Hoff-Gericht in Cöllen gezogen, sonderen ihnen der weg Rechtens bey [III]

| 10

unserem Hohen Gericht zu Bonn eröffnet werde, von dannen aber die Appellation zur Hoff-Cantzley gehen, ausserhalb jedoch, daß Unserem Hohen Weltlichen Gericht in Cöllen unbenommen seyn solle, deren Juden in Cöllen etwa befindliche Persohnen oder Effecten dem herkommen gemäß mit Arrest zu belegen, die Sachen selbst aber nach obgesetzter Verordnung abgethan werden.

Caput septimum. Von der Juden Abzug und Festhaltung dieser Ordnung.

Da ein verglaideter Jud auß Unserem Ertz-Stifft abziehen würde, solle Er erstlich seinen Glaids-Brieff zu Unser Hoff-Cammer einliefferen, seinen Abzug öffentlich verkündigen, die Schüldner und Entlehner vorbescheiden, mit denenselben abrechnen, auch auff Zahlung und gewisse Terminen handlen, die in handen habende Pfände zurucklassen und hinter die Obrigkeit deponiren.

Was nun in dieser Ordnung in specie nicht versehen, solches solle denen Gemeinen Rechten und Reichs-Abschieden, auch Lands-Ordnung gemäß gehalten werden, weniger nicht vorbehalten bleiben, diese Ordnung nach Gelegenheit der Sachen und Zeiten zu mehren und zu minderen, dahingegen aber alle vorige, in Unserem Ertz-Stifft außgelassene Juden-Ordnungen, Rescripta, Privilegia, und Concessiones, wie die immer Nahmen haben mögen, gäntzlich hiemit auffgehoben seyn.

Letztlich sollen alle von Unß verglaidete und andere Juden sich dieser Unser ordnung, so lieb ihnen seyn wird, Unsere Ungnad und schwäre Straff zu vermeiden, in allem gehorsambst bequämen, Unsere Räthe, Ambt-Leuthe, Drosten, Richtere, Schultheiß, Vögte, Bürgermeister, Scheffen und alle Bediente Unseres Rheinischen Ertz-Stiffts und Hertzogthumbs Westphalen darüber allezeit ein ernstes einsehen haben, keine

Ubertrettung nachsehen noch auch gestatten, daß die Juden darwider beschwårt oder einiger Gestalt beleydiget werden, dieselbe gleichwohl gegen allen unbilligen Gewalt schützen und dieser Verordnung gemäß handhaben, dessen zu Urkund haben Wir mit åigenen Hånden unterschrieben und Unser Hoff-Cantzley Insiegel darneben aufftrucken lassen. So Geben in Unserer Residentz-Stadt Bonn den 28. Junii 1700.

Joseph Clement Churfürst.

Casp[ar] Buck

Bonn Zu finden bey Leonard Rommerskirchen Churfürstl. Hoff-Buchtrucker.

1792 Mai 12 Kurfürst Max Franz: Verordnung zu »Betteljuden«[19]

Gnädigste Verordnung.

Maximilian Franz, von Gottes Gnaden Erzbischof zu Köln etc etc.

---

[19] Bönnisches Intelligenzblatt # 22 vom 30.05.1792, Seite 1 ff.

Es ist landkündig, wie sehr die Anzahl der Betteljuden, und anderer verdächtigen fremden Gesindels sich von Tag zu Tag vermehrt, und zu einem solchen Unfug ausgeartet ist, daß sie in ganzen Schaaren herumziehen, meist geflissentliche Müßiggänger und Vagabunden, auch sehr oft gefährliche Betrüger unter sich haben, sich mit Dieben und Straßenräubern vergesellschaften, nicht selten unter sich gefährliche Societäts-Verbindungen auf Räubereien festsetzen, deswegen ihre Sprache und Namen verändern, mehrere Tage in den Herbergen liegen bleiben, die Gegenden auskundschaften, sich truppenweis zusammenrotten, sofort durch dieses Verhalten nicht nur die öffentliche Ruhe stöhren, und ganze Gegenden unsicher machen, sondern auch noch benebst große Unreinlichkeiten, zuweilen auch bösartige Krankheiten verbreiten.

Um solchem Übel möglich zu steuern, haben Wir uns bewogen gefunden, für unsere Lande dieß- und jenseits des Rheines nachfolgende Verordnung zu erlassen:

Vor allem wiederholen wir alle sowohl von Uns als unsern Vorfahren gegen die herumschweifenden Bettler, und andere verdächtige fremde Auswanderer und Vagabunden vor und nach erlassene Gnädigste Verordnungen, gebiethen sofort allen Beamten und Obrigkeiten, genauest daran zu seyn, daß solchen aufs pünktlichste nachgelebt werde.

Diesemnach sollen alle sowohl aus Pohlen und Böhmen, als anderen Orten kommende fremde Betteljuden, verdächtige Spielleute, Taschenspieler, und sonstiges unter diesem Scheine sich einschleichende Gesindel, Manns- und Weibs-Personen, und deren Kinder in und durch Unsere Lande, sie mögen mit Pässen versehen seyn oder nicht, gar nicht eingelassen werden, und den sich etwa schon darinnen befindenden hierdurch ein für allemal allen Ernstens verboten seyn, sich länger darinn aufzuhalten; vielmehr wird ihnen gemessenst anbefohlen, solche zu quittiren, [...]

Alle für die Betteljuden, und andere verdächtige Passanten hin und wieder eigends noch bestehenden Bettel-Herbergen sollen von nun an sowohl in Städten, als Flecken und Dorfschaften gänzlich eingestellt [...] seyn.

Ebenso soll auch keiner der hier ansäßigen und in Schutz stehenden Juden die Ankommenden fremden Betteljuden fernerhin beherbergen, vielmehr ihr Daseyn jedesmal gleich dem Richter, Vogt oder Schultheiß des Orts, oder in dessen Abwesenheit den Scheffen und Vorstehern melden, damit sie in Verhaft gezogen werden können. Würde aber ein Schutzjud dennoch mit solcher Beherbergung sich abgeben; so soll er seines Schutzes hiermit verlustig seyn, und nebendem eine gutdünkliche Strafe von 10, 20 und mehreren Reichsthalern bezahlen, auf dem Befunde nach mit Gefängniß-, Arbeits- oder Zuchthaus-Strafe belegt werden.

In gleichem Maaße verbieten Wir der gesammten inländischen Judenschaft künftighin mehr an solche fremden Betteljuden das mindeste aus ihren Armenkollekten, oder sonstigen Pflegeanstalten abreichen zu lassen. [...]

Und da es sich zu Zeiten begeben hat, daß solche Betteljuden und andere Vagabunden, um ihre Kranken, oder Frau und Kinder fortzubringen, sich mit einem ordentlichen Fuhrwerke eingefunden, gar an manchen Orten von den Gemeinheiten Vorspann gesonnen: so werden all solche Bettelfuhren durchaus abgestellt, und jedermänniglich bei unausbleiblicher

schweren Strafe ernstlich verbothen, der gleichen Fuhren vor
solches Bettelvolk zu übernehmen. [...]

Hingegen bleibt den angesehenen, nicht bettelnden
fremden Juden, sofern sie mit richtigen Påssen versehen sind,
das Durchreisen, wie auch die Einkehre bei ihren Glaubensgenossen, oder anderwärts gleich anderen unverdåchtigen Fremden vor wie nach unbenommen, dergestalt jedoch, daß derje-
nige, welcher die Herberge leistet, er sei Jud oder Christ, die
Ankunft und Aufenthalt solcher Fremden in Zukunft jedesmal
der Obrigkeit alsobald anzeigen solle.

[...] Auch werden allerorts Obrigkeiten angewiesen,
zu gleichem Ende die Häuser der Juden, und übrige
Wirthshäuser fleißigst und öfter im Jahr zu visitiren, in den
Städten aber auch den Thorhütern einzubinden, daß solchem,
an seinem äußerlichen Ansehen leicht kennbaren Volke kein
Eintritt in die Stadt erlaubt werde.

[...]

Bonn den 12 May 1792.

Max Franz, Kurfürst. L. S.

F. Graf v. Nesselrode Reichenstein[20].

J. F. J. Guisez[21].

---

[20] Johann Franz Joseph Graf von Nesselrode-Reichenstein (* 1755 † 1824) war
kurkölnischer Geheimer Extra-Konferential-Rat (Geh. Staatsrat) und 1786 bis
1795 Hofratspräsident.
[21] Johann Franz Joseph Guisez, Hofsecretarius, herzoglich Arenbergischer Hofrat
in Recklinghausen.

1808 Juli 20 Dekret Napoleons zu den Namen der Juden[22]

A Baïonne, le 20 juillet 1808

Napoléon, empereur des Français, roi d'Italie, et protecteur de la Confédération du Rhin; Sur le rapport de notre ministre de l'intérieur; Notre Conseil d'Etat entendu,

Nous avons décrété et décrétons ce qui suit:

ART. 1er

Ceux des sujets de notre Empire qui suivent le culte hébraïque, et qui, jusqu'à présent, n'ont pas eu de nom de famille et de prénom fixes, seront tenus d'en adopter dans les trois mois de la publication de notre présent décret, et d'en faire la déclaration par-devant l'officier de l'état civil de la commune où ils sont domiciliés.

ART. 2

Les Juifs étrangers qui viendraient habiter dans l'Empire, et qui seraient dans le cas prévu par l'article 1er seront

---

[22]   Fundstelle: http://www.napoleon.org/fr/salle_lecture/articles/files/Docjuifs_Decret20juillet1808.asp#informations am 28.01.2016. Source: Bulletin des Lois 1808. Deutsche Fassung (Faksimile) in (Kleinpass, 2013, S. 242 f), dort auch eine vollständige Liste der 394 Erklärungen zur Namenwahl.

tenus de remplir la même formalité dans les trois mois qui suivront leur entrée en France.

ART. 3

Ne seront point admis comme noms de famille, aucun nom tiré de l'Ancien-Testament, ni aucun nom de ville. Pourront être pris comme prénoms, ceux autorisés par la loi du 11 germinal an XI.

ART. 4

Les consistoires, en faisant lu relevé des Juifs de leur communauté, seront tenus de vérifier et de faire connaître à l'autorité s'ils ont individuellement rempli les conditions prescrites par les articles précédents.

Ils seront également tenus de surveiller et de faire connaître à l'autorité ceux des Juifs de leur communauté qui auraient changé de nom sans s'être conformés aux dispositions de la susdite loi du 11 germinal an XI [=01.04.1803].

ART. 5

Seront exceptés des dispositions de notre présent décret, les Juifs de nos États, ou les Juifs étrangers qui viendraient s'y établir, lorsqu'ils auront des noms et prénoms connus et qu'ils ont constamment portés, encore que lesdits noms et prénoms soient tirés de l'Ancien-Testament ou des villes qu'ils ont habitées.

ART. 6

Les Juifs mentionnés à l'article précédent, et qui voudront conserver leurs noms et prénoms, seront néanmoins tenus d'en faire la déclaration; savoir: les Juifs de nos États, par-devant la mairie de la commune où ils sont domicilié; et les Juifs étrangers, par-devant celle où ils se proposeront de fixer leur domicile; le tout dans le délai porté en l'article 1er.

ART. 7

Les Juifs qui n'auraient pas rempli les formalités prescrites par le présent décret, et dans les délais y portés, seront renvoyés du territoire de l'Empire: à l'égard de ceux qui, dans quelque acte public ou quelque obligation privée, auraient changé de nom arbitrairement et sans s'être conformés aux dispositions de la loi du 11 germinal, ils seront punis conformément aux lois, et même comme faussaires, suivant l'exigence des cas.

ART. 8

Notre grand-juge ministre de la justice, et nos ministres de l'intérieur et des cultes, sont chargé, chacun en ce qui le concerne de l'exécution du présent décret.

Signé NAPOLÉON

Par l'Empereur: Le Ministre Secrétaire d'état, signé Hugues B. Maret.

1808 Sep 17 Beschluß zur Namensgebung der Juden[23]

Gesetzgebung und Regierung.

Der Herr Prefekt des Rhein- und Moseldepartements hat zur Vollziehung des kaiserlichen Dekret vom 20ten Juli, über die Namen der Juden unterm 17ten September einen Beschluss gefasst, wodurch den Mairen aufgetragen wird, die vorgeschriebenen doppelten Register auf Stempelpapier zu eröffnen, und allen Juden, sich in der bestimmten Frist auf der Mairie ihres Wohnorts zu stellen. Jeder mündige muss seine Erklärung selbst machen; die Väter, und bei ihrer Ermangelung, die Mütter sollen sie für ihre unmündigen Kinder, und die Vormünder für ihre Mündel machen. Der mündige Sohn soll gehalten sein, den Familiennamen seines noch vorfindlichen Vaters anzunehmen; die mündigen Brüder und Schwestern, welche weder Vater noch Mutter haben, sollen alle den nemlichen Familiennamen annehmen. Es soll in beiden Registern eine besondere Erklärung für jedes Individuum

---

[23] Wochenblatt # 35 vom 01.10.1808, Seite 1. Bereits 1798 war das französische Personenstandsgesetz vom 20.09.1792 im Rheinland eingeführt worden. Die Bonner Kirchenbücher wurden im August/September 1798 von dem Ratsmitglied (und Drucker) Johann Friedrich Abshoven geschlossen.

gemacht, und jede soll von der Maire und dem Deklaranten unterzeichnet werden.

1812 März 11 »Edikt, betreffend die bürgerlichen Verhältnisse der Juden in dem Preußischen Staate« [24]

(No. 80.) Edikt, betreffend die bürgerlichen Verhältnisse der Juden in dem Preußischen Staate. Vom 11ten März 1812.

Wir Friedrich Wilhelm, von Gottes Gnaden König von Preußen etc. etc. haben beschlossen, den jüdischen Glaubensgenossen in Unserer Monarchie eine neue, der allgemeinen Wohlfahrt angemessene Verfassung zu ertheilen, erklären alle bisherige, durch das gegenwärtige Edikt nicht bestätigte Gesetze und Vorschriften für die Juden für aufgehoben und verordnen wie folget:

---

[24] Fundstelle: books.google.com.

§ 1. Die in Unsern Staaten jetzt wohnhaften, mit General-Privilegien, Naturalisations-Patenten, Schutzbriefen und Konzessionen versehenen Juden und deren Familien sind für Einländer und Preußische Staatsbürger zu achten.

§ 2. Die Fortdauer dieser ihnen beigelegten Eigenschaft als Einländer und Staatsbürger wird aber nur unter der Verpflichtung gestattet:

daß sie fest bestimmte Familien-Namen führen, und

daß sie nicht nur bei Führung ihrer Handelsbücher, sondern auch bei Abfassung ihrer Verträge und rechtlichen Willens-Erklärungen der deutschen oder einer andern lebenden Sprache, und bei ihren Namens- Unterschriften keiner andern, als deutscher oder lateinischer Schriftzüge sich bedienen sollen.

§ 3. Binnen sechs Monaten, von dem Tage der Publikation dieses Edikts an gerechnet, muss ein jeder geschützte oder konzessionierte Jude vor der Obrigkeit seines Wohnorts sich erklären, welchen Familien-Namen er beständig führen will. Mit diesem Namen ist er, sowohl in öffentlichen Verhandlungen und Ausfertigungen, als im gemeinen Leben, gleich einem jedem andern Staatsbürger, zu benennen.

§ 4. Nach erfolgter Erklärung und Bestimmung seines Familien-Namens erhält ein jeder von der Regierung der Provinz, in welcher er seinen Wohnsitz hat, ein Zeugniß, daß er ein Einländer und Staatsbürger sey, welches Zeugniß für ihn und seine Nachkommen künftig statt des Schutzbriefes dient.

§ 5. Nähere Anweisungen zu dem Verfahren der Polizei-Behörden und Regierungen wegen der Bestimmung der

Familiennamen, der öffentlichen Bekanntmachung derselben durch die Amtsblätter und der Aufnahme und Fortführung der Hauptverzeichnisse aller in der Provinz vorhandenen jüdischen Familien bleiben einer besondern Instruktion vorbehalten.

§ 6. Diejenigen Juden, welche den Vorschriften § 2 und 3 zuwider handeln, sollen als fremde Juden angesehen und behandelt werden.

§ 7. Die für Einländer zu achtende Juden hingegen sollen, in sofern diese Verordnung nichts Abweichendes enthält, gleiche bürgerliche Rechte und Freiheiten mit den Christen genießen.

§ 8. Sie können daher akademische Lehr- und Schul- und Gemeinde-Aemter, zu welchen sie sich geschickt gemacht haben, verwalten.

§ 9. In wie fern die Juden zu andern öffentlichen Bedienungen und Staats-Aemtern zugelassen werden können, behalten Wir Uns vor, in der Folge der Zeit, gesetzlich zu bestimmen.

§ 10. Es stehet ihnen frei, in Städten sowohl als auf dem platten Lande sich niederzulassen.

§ 11. Sie können Grundstücke jeder Art, gleich den christlichen Einwohnern, erwerben, auch alle erlaubten Gewerbe mit Beobachtung der allgemeinen gesetzlichen Vorschriften treiben.

§ 12. Zu der aus dem Staatsbürgerrechte fließenden Gewerbefreiheit, gehöret auch der Handel.

§ 13. Den auf dem platten Lande wohnenden Juden und ihren Angehörigen steht nur frei, denjenigen Handel zu treiben, der den übrigen Bewohnern desselben gestattet ist.

§ 14. Mit besondern Abgaben dürfen die inländischen Juden, als solche, nicht beschweret werden.

§ 15. Sie sind aber gehalten, alle den Christen gegen den Staat und die Gemeinde ihres Wohnorts obliegende bürgerliche Pflichten, zu erfüllen, und, mit Ausnahme der Stol-Gebühren, gleiche Lasten, wie andere Staatsbürger zu tragen.

§ 16. Der Militair-Konscription oder Kantonpflichtigkeit und den damit in Verbindung stehenden besondern gesetzlichen Vorschriften sind die einländischen Juden gleichfalls unterworfen. Die Art und Weise der Anwendung dieser Verpflichtung auf sie, wird durch die Verordnung wegen der Militair-Konscription näher bestimmt werden.

§ 17. Ehebündnisse können einländische Juden unter sich schließen, ohne hierzu einer besondern Genehmigung oder der Lösung eines Trauscheins zu bedürfen, in so fern nicht nach allgemeinen Vorschriften die von Andern abhängige Einwilligung oder Erlaubnis zur Ehe überhaupt erforderlich ist.

§ 18. Eben dieses findet statt, wenn ein einländischer Jude eine ausländische Jüdin heirathet.

§ 19. Durch die Heirath mit einer inländischen Jüdin erlangt aber kein fremder Jude das Recht, in hiesige Staaten sich niederzulassen.

§ 20. Die privatrechtlichen Verhältnisse der Juden sind nach eben denselben Gesetzen zu beurtheilen, welche andern Preußischen Staatsbürgern zur Richtschnur dienen.

§ 21. Ausnahmen finden bei solchen Handlungen und Geschäften statt, welche wegen der Verschiedenheit der Religionsbegriffe und des Kultus an besondere gesetzliche Bestimmungen und Formen nothwendig gebunden sind.

§ 22. [Eidesleistung]

§ 23. [dto.]

§ 24. [Wechselrecht]

§ 25. [Trauungszeremonie]

§ 26. [Scheidung]

§ 27. [dto.]

§ 28. [zeitliche Gültigkeit]

§ 29. [Gerichtsstand]

§ 30. [keine jüdische Gerichtsbarkeit]

§ 31. Fremden Juden ist es nicht erlaubt, in den hiesigen Staaten sich niederzulassen, so lange sie nicht das Preußische Staatsbürgerrecht erworben haben.

§ 32. Zur Erwerbung dieses Bürgerrechts können sie nur auf den Antrag der Regierung der Provinz, in welcher die Niederlassung erfolgen soll, mit Genehmigung Unsers Ministerii des Innern, gelangen.

§ 33. Sie genießen alsdann mit den Einländern gleiche Rechte und Freiheiten.

§ 34. Fremde Juden, als solche, dürfen weder als Rabbiner und Kirchenbediente, noch als Lehrburschen, noch zu Gewerks- oder Hausdiensten angenommen werden. Es erstrecket sich jedoch dieses nicht auf diejenigen vergeleiteten Juden, welche sich zur Zeit der Publikation des gegenwärtigen Edikts bereist in Unsern Staaten befinden.

§ 35. [Strafe]

§ 36. Ausländischen Juden ist der Eintritt in das Land zur Durchreise oder zum Betrieb erlaubter Handels-Geschäfte gestattet. [...]

§ 37. Wegen des Verbots wider das Hausiren überhaupt, hat es bei den Polizei-Gesetzen auch in Absicht der Juden sein Bewenden.

§ 38. In Königsberg in Preußen, in Breslau und Frankfurth an der Oder dürfen fremde Juden, so lange die Meßzeit dauert, mit Genehmigung der Obrigkeit, sich aufhalten.

§ 39. Die nöthigen Bestimmungen wegen des kirchlichen Zustandes und der Verbesserung des Unterrichts der Juden, werden vorbehalten, und es sollen bei der Erwägung derselben, Männer des jüdischen Glaubensbekenntnisses, die wegen ihrer Kenntnisse und Rechtschaffenheit das öffentliche Vertrauen genießen, zugezogen und mit ihrem Gutachten vernommen werden.

Hiernach haben sich Unsere sämmtliche Staats-Behörden und Unterthanen zu richten.

Gegeben Berlin, den 11ten März 1812.

(gez.) Friedrich Wilhelm

Hardenberg. Kircheisen.

1845 Dez 01 Bekanntmachung der Königlichen Regierung Köln[25]

Auf den Grund der Allerhöchsten Kabinets-Ordre vom 31. Oktober d. J., dahin lautend:

> Auf den Antrag des Staats-Ministeriums vom 24. d. Mts., bestimme Ich hierdurch, daß die Juden auch in denjenigen Theilen der Monarchie, in den gesetzliche Vorschriften über Familien-Namen der Juden noch nicht bestehen, fest bestimmte und erbliche Familien-Namen zu führen, und diese binnen 6 Monaten, vom Tage der Publikation dieser Ordre angerechnet, der Obrigkeit ihres Wohnortes an-

---

[25] Fundstelle: Amtsblatt der Königlichen Regierung zu Köln 1845, Stück 49, vom 09.12.1845. Bayersiche Staatsbibliothek München, Signatur 4 Z 37.42-1845; urn:nbn:de:bvb:12-bsb10694812-8.

zuzeigen verpflichtet sein sollen. – Zur Führung der gewählten Familien-Namen ist die
Genehmigung der Regierung einzuholen. –
Die gegenwärtige Ordre, wegen deren Aus-
führung der Minister des Innern die Regierungen mit Instruction versehen wird, ist durch
die Gesetzsammlung bekannt zu machen.

Sanssouci, den 31. Oktober 1845

Friedrich Wilhelm.

fordern wir alle selbstständigen Einwohner jüdischen
Glaubens in dem rechts-rheinischen Theile unseres Verwal-
tungs-Bezirkes hiermit auf, sich binnen 14 Tagen vor dem Bürgermeister ihres Ortes über die Wahl des anzunehmenden festen Familien-Namens, unter Ueberreichung der schriftlichen
Angabe desselben, ferner ihrer bisherigen Benennung und ihres Alters, so wie, wenn sie eine Familie haben, der Vornamen
ihrer Kinder und ihrer Ehefrau, mit Benennung des Vaters der
Letztern, und des Alters ihrer Familienmitglieder, persönlich
zu erklären.

Köln, den 1. Dezember 1845.

1846 Juli 07 »Verzeichniß der in dem rechtsrheinischen Theile unseres Verwaltungsbezirks wohnenden selbstständigen Einwohner jüdischen Glaubens, welche für sich und ihre Angehörigen erbliche Familiennamen angenommen haben.«[26]

1	2	3	4	5	6	7	8	9	10
			Des selbstständigen jüdischen Einwohners bisheriger					Vornamen der	
#	Nr.	Vorname	Familienname	Gewerbe oder Geschäft	Wohnort	Kreis	**Neu gewahlter oder beibehaltener Familienname**	Ehefrau	Kinder
1	8	Bernard	Barmann	Knochenhändler	Combahn	Bonn	Barmann	Rosine geb. Siegler	*
2	23	Judula geb. Jacob	Witwe Jacob Barmann	*	Combahn	Bonn	Barmann	*	Helene
3	4	Salomon	Behr	Metzger	Beuel	Bonn	Behr	Rosine geb. Heumann	Jakob, Moses, Franzisca
4	31	Jacob	Behr	Metzger	Schwarz Rheindorf	Bonn	Behr	Sibylla geb. Hirsch	Hermann
5	26	Levy	Behr	Handelsmann	Vilich Rheindorf	Bonn	Behr	*	Bär, Eva, Abraham, Jetta, Marianna, Michael

[26] Fundstelle: Amtsblatt der Königlichen Regierung zu Köln 1846, Beilage zu Stück 27; Bayerische Staatsbibliothek, Signatur 4 Z 37.42-1846 / urn:nbn:de:bvb:12-bsb10694813-3; sortiert nach Spalte 8.

6	22	Sara	Witwe Moses Binnes	*	Com-bahn	Bon n	Binnes	*	Jo-seph, Ber-tha, Jea-nette, Salo-mon
7	19	Hirsch	Levy	Kunst-reiter	Com-bahn	Bon n	Blumen-feld	Jetta geb. Jonas	Ema-nuel, Meye r, So-phia, Da-vid, Mina, Mo-ritz, Si-mon, Ama-lia
8	20	Eman ul	Levy	Kunst-reiter	Com-bahn	Bon n	Blumen-feld	Jetta geb. Hartog	Mo-ritz, Leo-pold
9	21	Meyer	Levy	Kunst-reiter	Com-bahn	Bon n	Blumen-feld	Sette geb. Hartog	Leo-pold, Mina, Jo-seph
1 0	15	Samul	Cahn	Metzger	Com-bahn	Bon n	Cahn	Caro-line geb. Men-del	Si-mon, Men-del, Isaac
1 1	11	Meyer	Moses	Han-dels-mann	Com-bahn	Bon n	Frank	Hen-deline geb. Schwei tzer	Mo-ses, Setta, Leo-pold, Sara, The-resia
1 2	12	Regina	Moses	*	Com-bahn	Bon n	Frank	*	*
1 3	16	Simon	Moses	Metzger	Com-bahn	Bon n	Frank	Caro-line geb.	Mose s, Ca-rolina

								Wal- lach	
1 4	2	Sara	Witwe Levy Herz geb. Die- fenthal	*	Beuł	Bon n	Herz	*	Jo- seph, Adel- heid, Phi- lipp, Mar- gare- tha, Mar- cus
1 5	5	Se- ligman n	Moses	Metzger	Beuł	Bon n	Heu- mann	Bertha geb. Levy Herz	Salo- mon, Jo- seph, Adel- heid, Mose s
1 6	6	Amalia, geb. Levy	Witwe Mo- ses Heu- mann	*	Beuł	Bonn	Heumann	*	*
1 7	10	Samuł	Moses	Metzger	Com- bahn	Bonn	Heumann	Gudula geb. Sommer	Moses, Sara, Helena
1 8	17	Noah	Isaac	Handels- mann	Com- bahn	Bonn	Isaac	*	*
1 9	24	Prisca	Isaac	*	Com- bahn	Bonn	Isaac	*	*
2 0	18	Abra- ham	Jonas	Handels- mann	Com- bahn	Bonn	Jonas	Ester geb. Ab- raham	Judula, Catha- rina
2 1	1	Philipp	Jakob	Handels- mann	Beuł	Bonn	Kaufmann	Täub- chen geb. Cahn	Jacob, Rosa, Gudula
2 2	13	Se- ligmann	Moses	Metzger	Com- bahn	Bonn	Kaufmann	Johann geb. Süß- mann	David, Leonar dine
2 3	14	Leonard	Moses	Handels- mann	Com- bahn	Bonn	Kaufmann	Sara geb. Cahn	Leonar dine
2 4	29	Moses	Jacob	Metzger	Schwarz Rhein- dorf	Bonn	Kaufmann	*	*

25	30	Abraham	Moses	Metzger	Schwarz Rheindorf	Bonn	Kaufmann	Elle geb. Lersmann	*
26	3	Abraham	Levy	Metzger	Beuel	Bonn	Levy	Sara geb. Seligmann	*
27	179	Levy	Lazarus	Metzger	Obercassel		Levy	Lora geb. Meyer	Levy, Meyer, David Lazarus, Jacob Lazarus, Helena, Judula, Emma, Abraham
28	25	Abraham	Levy	Handelsmann	Vilich Rheindorf	Bonn	Löwenstein	*	*
29	9	Abraham	Raphael	Metzgergehülfe	Combahn	Bonn	Raphael	*	*
30	7	Jakob	Moses	Kleinhandler	Combahn	Bonn	Rosenthal	Sara geb. Frank	Sophia, Moses, Joseph
31	32	Sara geb.. Abraham	Witwe Abraham Salomon	Metzgerin	Vilich	Bonn	Salomon	*	Aaron, Sophia, David, Nathan, Rebecca
32	33	Abraham	Salomon	Metzger	Vilich	Bonn	Salomon	Minna geb. Salomon	Salomon, Abraham, David, Rebecca
33	27	Rosina	Levy	Tagelöhnerin	Vilich Rheindorf	Bonn	Weidenbaum	*	Joseph, Lambert, Judula, Abraham
34	28	Johanna	Levy	Tagelöhnerin	Vilich Rheindorf	Bonn	Weidenbaum	*	Joseph, Judula, Mina

Edikte, Verordnungen, Erlasse anderer Territorien

- 1597 Kurfürst Ernst: Geleit für die Stadt Werl - (NN, Judengeleit [in Werl, Arnsberg, Brilon], 1875)
- 1614 Wormbser Judenordnung - UB Frankfurt
- 1622 Hamburg - (Marwedel, 1976, S. 134 ff)
- 1662 Fürstbischof Christoph Bernhard: Judenordnung Münster – www.uni-muenster.de und (Aschoff, 1979, S. 181 ff)
- 1671 Kurfürst Maximilian Heinrich: Geleit für die Stadt Arnsberg - (NN, Judengeleit [in Werl, Arnsberg, Brilon], 1875)
- 1730 Frankfurt – SLUB Dresden
- 1739 »Juden-Ordnung, des [...] Landgraffen zu Hessen [...]« - UB Göttingen
- 1750 »Revidirtes General-Privilegium und Reglement, vor die Judenschaft im Königreiche Preussen« - www.lwl.org
- 1770 Stadt Brilon: Judengeleit - (NN, Judengeleit [in Werl, Arnsberg, Brilon], 1875)
- 1772 Dresden - ULB Halle

Literaturverzeichnis

Aschoff, D. (1979). Das münsterländische Judentum bis zum Ende des dreissigjährigen Krieges. Studien zur Geschichte der Juden in Westfalen. *Theokratia. Jahrbuch des Institutum Judaicum Delitzschianum*, S. 125 ff.

Bruns, A. (1994). *Die Juden im Herzogtum Westfalen. Dokumentation der zentralen Quellen, bearb. von Alfred Bruns.* Fredeburg: Grobbel.

Dinstühler, H. (1991). Die erste kurkölnische Judenordnung von 1592. Zur Situation der Juden in Kurköln am Ende des 16. Jahrhunderts. In *Geschichte der Juden im Kreis Viersen* (S. 25 ff). Viersen.

Huber, E. R. (Hrsg.). (1961). *Dokumente zur deutschen Verfassungsgeschichte, Band 1.* Stuttgart.

Joesten, J. (1900). *Zur Geschichte der Hexen und Juden in Bonn. Eine kulturgeschichtliche Studie.* Bonn: Georgi.

Joseph Clemens. (1700). *Ernewerte Juden-Ordnung.* Bonn: Rommerskirchen.

Kleinpass, H. (2013). Die Namenwahl der Bonner Juden 1808-1809. *Bonner Geschichtsblätter, 62*, S. 235 ff.

Linn, H. (1983). Der Siegburger Synagogenvorsteher Isaac Bürger (1791-1864). In Rhein-Sieg-Kreis (Hrsg.), *Juden an Rhein und Sieg* (S. 114 ff). Siegburg: Schmitt.

Marwedel, G. (Hrsg.). (1976). *Die Privilegien der Juden in Altona*. Hamburg: Christians.

Maximilian Friedrich (Hrsg.). (1772). *Vollständige Sammlung deren die Verfassung des Hohen Erzstifts Cölln ..., Band 1*. Köln: Simonis & Krakamp.

NN. (1614). *Des Ertzstiffts Cölln Jüden Ordtnung*. Köln: Cholinus.

NN. (1875). Judengeleit [in Werl, Arnsberg, Brilon]. *Blätter zur näheren Kunde Westfalens, 13*, S. 69 ff.

Pracht-Jöns, E. (2011). *Jüdische Lebenswelten im Rheinland*. Köln: Böhlau.

Scotti, J. J. (1830). *Sammlung der Gesetze und Verordnungen, welche in dem vormaligen Churfürstenthum Cöln [...] vom Jahre 1463 bis zum Eintritt der Königl. Preußischen Regierungen im Jahre 1816, Band 2, 1. Abtheilung*. Düsseldorf: Wolf.

Abbildungsverzeichnis

Index